中学校社会サポートBOOKS

オーセンティックな
学びを取り入れた

中学校
歴史授業

ワークシート

梶谷 真弘

明治図書

はじめに

社会科に「本物の学び」を

社会科の授業は，社会の役に立つものになっているでしょうか。教科書の内容を理解させ，テストや受験で結果を出させることも，大事でしょう。しかし，現状として，そちらに重心が傾きすぎ，暗記教科という烙印を押されているのではないでしょうか。

社会科とは，本来「社会をよく理解し，より良い社会の形成者を育てる」教科であると言えます。そのような社会科を実現すべく，「本物の学び」=「**オーセンティックな学び** (authentic achievement)」が注目されています。

オーセンティックな学びの提唱者であるニューマンは，オーセンティックな学びの条件として，次の3つを挙げています。

- **重要であること** (importance)：浅はかな活動主義でなく，学問の重要な概念や方法を扱うこと
- **意味のあること** (meaningful)：断片的な知識の羅列でなく，課題に対して自分の意見を構築すること
- **価値のあること** (valuable)：学校（テスト）以外の社会で役立つものであること

例えば，「明治維新ではどのような改革が行われたか？」という課題は，3つのどれも満たしません。

「なぜ明治維新は行われ，その結果社会はどのように変化しただろうか？」という課題になると，歴史の重要な概念を用いるので，「重要さ」はクリアできそうです。しかし，後の2つは満たしません。

「明治維新の政策で，一番日本を発展させた政策はどれだろうか？　1つ選び，理由を説明しよう」という課題になると，「重要さ」と，自分の意見を持つために情報をまとめるので，「意味のある」の2つはクリアできそうです。しかし，残り1つは満たしません。

「明治維新は，何にお金をかけるべきだろうか？（軍事・産業・貿易・教育・まちづくり・その他）　当時の状況を踏まえて1つ選び，その理由を説明しよう」という課題になると，「重要さ」，「意味のある」，そして現代の政策の評価や決定にも活用できるので，「価値のある」もクリアできそうです。

このように，授業を劇的に変えるのでなく，普段の授業に「**オーセンティックな学び**」の要素を少し取り入れることで，社会で役に立つ学びにつながります。本書では，ニューマンの提

唱するオーセンティックな学びを日本の社会科学習に取り入れるために，筆者がその要素を取り入れた社会科授業プランを提案します。

　加えて，授業は楽しくあるべきです。テスト・受験重視の授業では，楽しくありません。楽しくなければ，学習者は学習に向かわず，無気力になるか，他のことをするか，授業を妨害します。楽しくない授業をして，授業が荒れる，学力がつかないのは，授業者の責任です。

「すぐできる！」「楽しく，力がつく！」，しかも「深くてタメになる」授業！

　このようなことから，本書では，次の3つを重視した授業を提案します。

①オーセンティックな学びを取り入れ，「重要で，意味のあり，価値のある」学びに近づける

　普段の授業を少し変えることで，オーセンティックな学びに近づける授業プランを提案しています。そのポイントは，理論編で解説します。

②学習者全員が参加できる，「楽しく，力がつく」授業デザイン

　いくら学問的に優れたプランでも，学習者全員に力をつけない授業ではダメです。学習が苦手な子も楽しく学習に参加でき，全員に力がつく授業デザインを心がけて紹介しています。

③すぐに実践できる，教科書ベースの授業展開＋ワークシート

　大きく単元構成を組み替えることなく，一般的な教科書の流れを変えずに，オーセンティックな学びを取り入れた授業展開を提案しています。そのため，オーセンティックな学びという視点でみれば，不十分かもしれません。しかし，大事なことは普段の授業をオーセンティックな学習に近づけていくことです。そのため「すぐ実践できる」ことを優先しました。本書をベースに，ご自身でさらにより良い実践を開発していってください。

　本書は，理論編と実践編で構成されます。

　理論編は，次のように構成されます。まず，オーセンティックな学びの概要と3つの柱，歴史学習でオーセンティックな学びをどのように取り入れるかを解説します。次に，単元レベルのデザインとして，単元全体の構成や単元全体の課題をつくるポイントなどを解説します。そして，授業レベルのデザインとして，社会科の資質・能力の階層に基づく発問の類型，それに基づく授業の組み立てを解説します。最後に，全員参加・全員に力をつける授業を行うためのポイントを解説します。

　実践編は，歴史学習を全22の単元で構成し，それぞれの単元を紹介します。各単元では，まず単元全体の構成を示し，後のページに単元内の授業を，展開案とワークシートで紹介します。

　本書のウリは，「すぐできる！」「楽しく，力がつく！」，しかも「深くてタメになる」授業です。本書が，普段の授業づくりに悩まれている方，より良い授業を模索中の方の役に立てれば幸いです。

梶谷　真弘

本書の使い方

【単元構成のねらい】本単元の歴史学習全体での位置付けや,つかませたい時代の特色や視点・考え方を示しています。

【単元の概念構造】
・本質的な問い…単元内で直接は問いませんが,本単元で扱う事例の学習を通して,時代の枠を超えて考えさせたい問いを示しています。
・単元の問い…本単元の学習を通して考えさせたい問いを示しています。この問いを考えるために,単元全体の課題に取り組みます。単元全体の課題を解決することで,単元の問いへの自身の答えを導くことにつながります。
・考えさせたい視点…上の2つの問い,単元全体の課題を解決する際に,考えさせたい視点です。学問的な視点(多面的)と,当時の人々の立場(多角的)ごとに示しています。

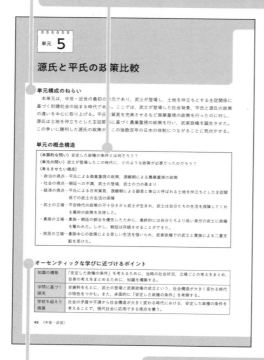

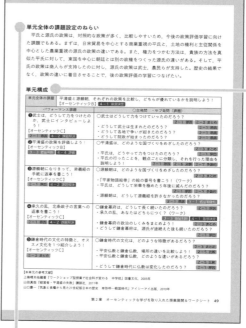

【単元全体の課題設定のねらい】単元全体の課題を設定したねらいと,考えさせたい視点を示しています。

【オーセンティックな学びに近づけるポイント】本単元がオーセンティックな学びにどのようにつながっているのか,そのポイントを3つに分けて示しています。

―――――[実践編:単元構成のページ]―――――

【単元構成】
・パフォーマンス課題…各時間の最後に取り組む課題です。パフォーマンス課題を解決するために，それまでの活動が設定されます。課題の後ろには，p.16のオーセンティックな歴史学習の3パターンのどれに属するのか，発問の類型のどこに位置付くのかを示しています。
・主発問・サブ発問（課題）…○が主発問，それ以外がサブ発問（課題）です。主発問を考えるために，サブ発問（課題）が設定されます。また，発問の類型（p.23）のどこに位置付くのかを，後ろに示しています。

【単元内の位置付け】本単元内でどのような位置付け・意図で本時が設定されているのかと，本時の概要を示しています。

右側には，授業で使うワークシートを示しています。そのまま使っていただいても構いませんし，部分的に切り取って使っていただいても構いません。記入部分はできる限り思考ツールの考え方を取り入れ，思考を可視化しやすく，また記入部分を見て書くことが学習者にわかりやすくなるように工夫しています。

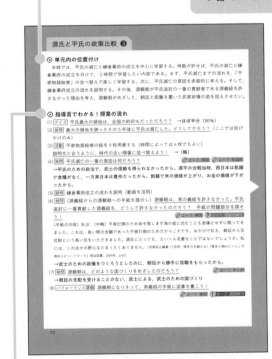

【指導言でわかる！授業の流れ】授業の流れを，できるだけ細かく示しています。クイズや発問には，予想される回答や答えを後ろに示しています。また，本書では，授業形態を指定せずに書きました。学校やクラスの状況によって，クラス全体・グループ・ペア・個人などを使い分けて実施してください。オーセンティックな学びに近づけるためには，①個人での資料との対話，②ペアやグループでの対話が欠かせません。意識的に取り入れていきましょう。また，特に指示のない資料は，基本的に教科書や資料集に掲載されているもので実践できます。

―――― [実践編：授業のページ] ――――

CONTENTS

第2章 オーセンティックな学びを取り入れた授業展開&ワークシート

第1章

オーセンティックな学びを
取り入れた授業づくり
4つのポイント

Authentic Achievement

×

History

1 なぜ社会科，歴史を学ぶのか

良き市民

政治や社会情勢に関心を持ち，選挙などで自分の意見を表明し，政治に参加する人

社会に役立つ様々な仕事や活動を行っている人

現実の社会の課題に対して，どうしたら解決できるかを考え，行動を起こす人

1 なぜ社会科を学ぶのか

なぜ社会科を学ぶのでしょうか。受験やテストで高得点を取らせるためでもなければ，物知りで雑学やクイズが得意な子を育てるためでもありません。

社会科の目的は，様々な言葉が使われますが，「民主主義社会の形成者」を育てることと言えます。「良き市民」という表現をすることもあります。

「良き市民」とは，どのような人でしょうか。例えば，次のような人ではないでしょうか。

・政治や社会情勢に関心を持ち，選挙などで自分の意見を表明し，政治に参加する人
・社会に役立つ様々な仕事や活動を行っている人
・現実の社会の課題に対して，どうしたら解決できるかを考え，行動を起こす人

現在の社会科授業で，このような「良き市民」を育てることはできているでしょうか。残念ながら，できていないのがほとんどなのではないでしょうか。

社会科授業を，より現実社会につなげ，「良き市民」に必要な資質・能力を形成する授業にしていくことが求められます。

2 なぜ歴史を学ぶのか

なぜ歴史を学ぶのでしょうか。昔のことをよく知っている人を育てるためでもなければ，雑学やクイズが得意な子を育てるためでもありません。

中学校社会科は，地理的分野・歴史的分野・公民的分野の３つで構成されます。つまり，歴史を独立して学ぶのではなく，社会科の中で歴史を扱います。では，現代から遠い歴史を学ぶ意味とは，何なのでしょうか。

地理的分野は空間的に，歴史的分野は時間的に離れた題材を中心に学習します。学習者から離れた題材を学ぶことで，物事の共通性と特殊性を学び，異文化理解や多文化共生につなげていきます。それだけでなく，地理・歴史で学ぶことを公民的分野につなげること，つまり，同様の視点やテーマで学習したり，現実の社会の課題につなげて学習したりすることで，学ぶ意味はさらに深まります。では，どのような学習をすればよいのか。それを解決してくれるのが，**「オーセンティックな学び」**です。

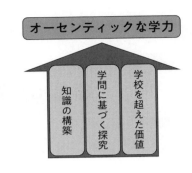

2 オーセンティックな学び

　「**オーセンティックな学び**」とは，どのようなものなのでしょうか。オーセンティックな学びとは，オーセンティックな学力を形成するための学習です。簡潔に言えば，「現実社会で活躍する大人に求められる資質・能力（の知的な側面）」が，オーセンティックな学力です。「良き市民」に必要な資質・能力に近いと考えられます。現実の社会で直面する課題に対して，調査し，知恵を出し合い，仲間とともに解決していくことができる資質・能力です。逆に，オーセンティックでない学習とは，オーセンティックな学力の形成につながりづらい学習です。例えば，テストで高得点を取るために行われる知識の反復学習や，教師が伝達したことをノートに写す活動などです。

　では，オーセンティックな学力を形成するには，どのような学習が必要なのでしょうか。オーセンティック概念の提唱者であるニューマンは，次の3つが重要であると言います。

---

①**知識の構築**：知識を覚えるのでなく，自分の考えを構築するために活用する。
②**学問に基づく（鍛錬された）探究**：学問的な探究，他者との議論を用いる。
③**学校を超えた価値**：現実社会で意味があり，価値のある学習を行う。

　下の表は，筆者がオーセンティックな学習とそうでない学習のポイントを比較したものです。

3つの要素	オーセンティックな学習	オーセンティックでない学習
知識の構築 (construction of knowledge)	・課題を解決するために情報をまとめる ・思考を重視した学習 ・多面的・多角的に考える	・知識を覚えることが目的 ・写したり，覚えることが中心の学習 ・1つの視点や立場から考える
学問に基づく（鍛錬された）探究 (disciplined inquiry)	・重要な概念を理解する ・複数の学問の考えを取り入れる ・議論する	・浅い知識の羅列 ・1つの学問のみの学習 ・教師の一方的な伝達
学校を超えた価値 (value beyond school)	・課題が社会とつながる ・方法が社会とつながる ・評価が社会とつながる	・教科書の内容の学習 ・教室の中だけの学習 ・受験やテストのための学習

　次項から，これらを解説していきます。

3 知識の構築

オーセンティックな学びに必要な要素の1つ目は,「知識の構築」です。断片的な知識を覚えるのではなく,知識をまとめ,活用して自分の考えを構築するための道具にします。知識は,「覚える対象」ではなく,「自分の考えをつくるための道具」なのです。「知識の構築」のポイントは,次の3つです。

1 課題を解決するために情報をまとめる

1つ目は,「課題を解決するために情報をまとめる」ことです。授業で出てくる情報は,覚えるのではなく,自分の意見を持つためのものです。逆に言えば,授業の課題を,「ある課題について意見を書く」課題にすることで,授業で出てきた情報を自分なりにまとめ,意見を構築していくでしょう。例えば,「いつなら泥沼の戦争を回避できたか」という課題を出せば,それに対する自分の意見を構築するために,授業で出てきた情報をまとめるでしょう。歴史学習では,出来事を時系列で扱い,流れを理解する学習に陥りがちです。そうではなく,単元全体の課題を設定し,その課題を解決するために,学習を行うように展開します。

2 思考を重視した学習

2つ目は,「思考を重視した学習」です。課題を解決するための学習であっても,そのための考えを自分で考えた結果でなく,教科書や専門家の意見の受け売りでは,課題を解決する力がついたとは言えません。資料を読み取り,因果関係や概念をつかんだり,まとめたり,評価したりする活動を通して,課題を解決する学習が必要です。

3 多面的・多角的に考える

3つ目は,「多面的・多角的に考える」ことです。課題に対して,意見を考えていくと,一面的な視点や自分の考えだけで判断してしまいがちです。そうではなく,例えば,「織田信長の通知票をつけよう」という課題では,信長は経済の面ではどうだったのか,軍事の面ではどうだったのか,政治の面ではどうだったのか,と複数の視点(多面的)で考えることで,より深く考えることができます。また,武士の立場ではどうだったのか,商人の立場ではどうだったのか,と複数の立場(多角的)で考えることで,より広い視野で考えることができます。

4 学問に基づく（鍛錬された）探究

オーセンティックな学びに必要な要素の2つ目は，「学問に基づく（鍛錬された）探究」です。現実社会に近づける学習を意識すると，活動に重きが置かれ，学問的な部分がおろそかになりがちです。また，一人で課題に向き合うだけでなく，他者と協力して課題を解決する力も求められます。学問的な内容・方法を用いて，他者と協同して探究する学習が必要です。「学問に基づく（鍛錬された）探究」のポイントは，次の3つです。

1　重要な概念を理解する

1つ目は，「重要な概念を理解する」ことです。学習を，知識の羅列にとどめないように，学問的に重要な概念を理解するように，学問的に正しい方法で考えるように，課題を設定する必要があります。例えば，「江戸幕府が260年以上続いた一番の理由は何か」という課題では，戦国時代からの流通経路の確立や貨幣経済の発達が江戸時代の社会の安定につながったことに着目させるために，産業・交通・経済などの面から調査し，それらの言葉を用いて課題に答えるように促すことで，深い理解に達することができます。

2　複数の学問の考えを取り入れる

2つ目は，「複数の学問の考えを取り入れる」ことです。現実社会の課題を考える際には，様々な考え方を用いて，解決策を考えます。歴史学習では，歴史学で重要な概念や方法が重要視されます。しかし，それだけでなく，経済学や地理学，政治学などの重要な概念や方法を用いることで，より深く，多面的に課題を考えることができます。

3　議論する

3つ目は，「議論する」ことです。現実社会では，他者と協力して課題を解決する力が求められます。複数で協力する場面や，立場を分けて議論する場面などを設けることで，自分の意見を伝え，他者の意見を聞き，さらに自分の意見を修正していく力を形成していきます。

5 学校を超えた価値

　オーセンティックな学びに必要な要素の3つ目は、「学校を超えた価値」です。受験やテストのための学習では、知っているか、理解しているかに重点が置かれ、現実社会とつながらなくなりがちです。そうではなく、学校の外の現実社会で実際に起こる課題について考えることで、オーセンティックな学びにつながります。ポイントは、次の3つです。

1　課題が社会とつながる

　1つ目は、「課題が社会とつながる」ことです。学校の中だけでしか聞かれないような課題でなく、現実社会で起こる課題に近づけることが必要です。例えば、日本初の公害問題と言われる「足尾銅山鉱毒事件」を歴史の出来事としてだけ取り上げるのではなく、現代の公害問題や環境問題と関連付けて考える課題を設定することで、課題が現実社会とつながります。ただし、何でもかんでも、歴史の内容を現代に無理矢理つなげるのは危険です。歴史学習は、当時と現代の視点の適切な往復が大切です。本書では、近代・現代のいくつかのテーマに絞って、現代社会の課題と直接つなげています。それ以外の単元では、考える視点や方法、テーマを、現代社会とつなげ、現実社会で活用できる力をつけるようにデザインしています。

2　方法が社会とつながる

　2つ目は、「方法が社会とつながる」ことです。課題を現実社会とつなげても、教室の中の話で終わってしまえば、現実味がありません。例えば、意見文を提出するなど、現実社会に働きかけるような方法を取り入れることで、オーセンティックな学習につながります。

3　評価が社会とつながる

　3つ目は、「評価が社会とつながる」ことです。学校のテストにしか影響しない学習では、現実味がありません。実際に学校の外部の人に提案するなど、現実社会からの評価を受けたり、行動を起こしたりする活動を取り入れることで、オーセンティックな学習につながります。

　本書では、歴史学習の流れを大きく変えずに、「すぐできる」授業を優先したため、この「学校を超えた価値」の要素が不十分な点があります。ぜひ、ご自身で社会とつながる課題・授業を開発してください。

1 カリキュラムづくり

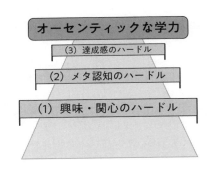

6 学習者からみた オーセンティックな学び

　ここまで，オーセンティックな学びの必要性と，その学習方法をみてきましたが，難しいと感じる方が多いのではないでしょうか。「理想はわかるが，子どもたちがついてこられるのか」という疑問を感じた方も多いと思います。

　ここでは，学習者の視点で，オーセンティックな学びを考えてみましょう。学習者が学びに向かい，それを継続して力をつけていくには，いくつかのハードルがあります。

1　その学習はおもしろそうか（興味・関心のハードル）

　おもしろくない，興味のない活動には，学習者は意欲的に参加しません。これは，どの授業でも同じです。退屈そうにしていたり，学習に取り組まない学習者がいれば，その授業は失敗です。この興味・関心のハードルを突破するために，内容や方法を工夫することが授業者には求められます。そのコツは，p.26，27で説明しますし，実践編で具体例を出しています。

2　できそうか，やる意味はあるか（メタ認知のハードル）

　次のハードルは，学習者にとって，その課題をクリアできるという見通しを持てるかどうかです。スモールステップで課題を設計し，達成できるように課題を組み合わせて授業を設計するユニバーサルデザインの視点が必要になります（p.25）。

　そして，その課題をやる意味があると思えたら，学習に向かいます。オーセンティックな学びは，現実社会の課題とつながるので，「意味のある学習」と感じやすい特徴があります。ここがオーセンティックな学びの強みです。

3　うまくできたか，やった価値はあったか（達成感のハードル）

　最後に，課題はうまくできたか，課題に取り組んだ価値があったかという，達成感のハードルです。オーセンティックな学びは，自分の考えを他者に伝えたり，現実社会へ提案したりする形式が多いので，達成感を感じやすく，「価値のある学習」と感じやすい特徴があります。

　このように，学習者の視点でみても，メリットが多く，授業者の工夫があれば，楽しく，意味のある，価値のある学習が可能です。

7 歴史学習でオーセンティックな学びを実現するために

1 オーセンティックな歴史学習の３つのパターン

　ここまでオーセンティックな学びについて述べてきましたが，社会科の中で地理的分野や公民的分野は，オーセンティックな学びを比較的行いやすいと考えられます。しかし，歴史学習でオーセンティックな学びを行うのは，地理や公民に比べて難しいことが多いです。なぜなら，扱う内容が過去のもので，現実社会と離れているからです。

　特に，日本は長い歴史を持つ国です。その歴史について学ぶことも，もちろん大切なことです。すべてを現実社会とつなげることは，かえって歴史認識を歪めてしまう危険があります。

　しかし，歴史学習にオーセンティックな学びが必要ないかと言えば，そうではありません。その時代のことを知る・理解するだけの学習では，「良き市民」に必要な資質・能力を形成しているとは言えません。

　では，どのような学習が求められるのでしょうか。大きく３つのパターンが考えられます。

○パターンＡ：歴史学習の内容を現代の課題とつなげ，歴史的な経緯を踏まえて，現代の課題を解決していく学習

　本来のオーセンティックな学びです。アメリカでは，移民の問題を歴史的な経緯から学習し，現代の政策について考える学習を行います。本書では，実践編の単元16の「日本の近代化の光と影」や単元22の「現代の社会問題に迫る」が，これに当たります。

○パターンＢ：歴史の出来事や政策を，時代背景を踏まえ，現代の視点や方法を用いて評価し，現代の課題の解決に活かす学習

　現代の課題を直接扱いませんが，現代の視点や方法を用いて政策を評価することで現代の課題に応用するための学習です。本書では，中世以降の政策評価学習が，これに当たります。

○パターンＣ：探究の方法や概念形成を重視し，後の学習に学びを活かす学習

　オーセンティックな学びとは言えませんが，オーセンティックな学びに向けて，探究の方法を学習し，概念を形成します。本書では，古代の学習がこれに当たります。

大事なことは，社会科のカリキュラム全体で，どのようにオーセンティックな学力を形成していくかを考えることです。それぞれの単元の学習を別々に考えるのでなく，それぞれの単元の特性を考慮しながら展開し，全体を通してオーセンティックな学力を形成していけばよいのです。

2　歴史の段階型学習

　私は，歴史学習を段階的に分けて考えます。歴史を大きく３つに分けて，学習の目的を段階的に設定します。歴史学習全体では，現代社会につながる学習ではなく，オーセンティックな学力につながる資質・能力を形成する学習を行います（パターンＢやパターンＣ）。次に，現代社会の課題とつながる単元で，オーセンティックな学びを行います（パターンＡ）。そして，歴史学習全体を通して形成した資質・能力をもとに，公民的分野でさらにオーセンティックな学習を行い，オーセンティックな学力を形成していきます。下に，３つの段階に分けた学習の目的と方法を示します。あくまで大まかなイメージであり，明確な区分ではありません。

○古代の学習：概念探究学習

　古代の学習では，それぞれの単元で扱う重要な概念の理解を目的とします。テーマごとに，探究の方法を用いながら，楽しく学習していきます。パターンＣの学習が中心です。

○中世・近世の学習：政策評価学習

　中世・近世の学習では，古代で獲得した概念を活用しながら，人物の政策に焦点を当て，政策を評価する判断・意思決定を目的とします。人物の政策を多面的・多角的に考察し，比較しながら，現代の政策評価につながる視点を獲得していきます。パターンＢの学習が中心です。

○近代・現代の学習：政策評価学習，現代社会の課題解決学習，論争問題学習

　近代・現代の学習では，政策評価を基本としながら，現代社会の課題とつながる単元では，オーセンティックな学力の形成を目的とします。現代社会の課題の解決をめざす学習を行います。パターンＡの学習を，可能な単元で取り入れていきます。

　ここまで，オーセンティックな学びの全体像を解説しました。次節からは，具体的に単元づくりの方法を解説していきます。

1 単元全体の課題づくり

まずは，単元全体の課題を設定します。単元全体の課題は，その単元を学ぶ目的になるので，とても重要です。本来，オーセンティックな学びは，現実社会の課題から学習をつくっていきますが，カリキュラムや教科書がある中で，現実的ではありません。本書では，一般的な歴史学習の流れに合う形で，オーセンティックな学びに近づけます。

単元全体の課題づくりのポイントは，次の3つです。

1 単元の学習内容を満たす課題

単元の学習内容を理解していなくても達成できる課題は，良い課題ではありません。単元のすべての内容を網羅するのではなく，単元の重要な概念を理解していれば解決できる課題を設定することが求められます。そのため，1つの時間だけで解決できるようなものでなく，様々な視点から考える必要のある課題を設定することが重要です。

2 「本質的な問い」につながる課題

歴史には，一般的共通性と時代特殊性があります。一般的共通性とは，その時代だけでなく，他の時代にも共通することです。例えば，国家繁栄の条件などは，時代による違いはもちろんありますが，どの時代にも言える共通点があります。時代特殊性とは，その時代特有の特殊な状況です。例えば，江戸時代の身分制度は，現代とは大きく異なる制度です。そのため，現代の「平和な社会を築く条件」を考える際に，江戸時代の武士の支配をそのまま用いるのは正しくありません。「本質的な問い」とは，歴史のその時代にだけ通用する問いではなく，他の場面にも応用できる問いのことです。本質的な問いにつながる課題にすることで，歴史学習での学びを現代に応用できるようになります。

3 現代社会とつながる課題

現代につながる課題は，2種類あります。1つは，テーマや内容そのものが現代の課題に直接つながる課題です。もう1つは，内容自体はつながらないが，現代社会を考える「良き市民」に必要な考え（見方・考え方）を形成するための課題です。この2つを組み合わせて，課題を設定します。

2 単元のデザイン

単元全体の課題を設定したら，次は単元内の各時間を設計します。単元全体の課題を解決するために，単元内で何をどのように扱うか，単元を構造化します。そして，それぞれのゴールを明確にし，各時間の課題を設定します。

1 単元の構造化

単元の課題を解決するために，単元全体で扱う内容を分類し，配当時間に当てはめていきます。歴史学習では，時系列での区切りになりがちで，出来事の羅列にならないように注意が必要です。単元全体の課題を解決するためのヒントを各時間でつかんでいくというイメージで設計しましょう。

例えば，江戸時代の単元で，「江戸幕府が260年以上続いた一番の理由は何か」という単元全体の課題に対して，第1時で支配体制の確立，第2時で政治制度，第3時で対外政策，第4時で産業の発展，第5時で交通網の発達，という形で，1時間ごとに1つの視点から考えていきます。

2 各時のゴールの明確化

各時間の大まかな分類，配列ができたら，各時間の目標，ゴールを設定します。この各時のゴールが明確になれば，時系列の出来事の羅列になりません。

例えば，先ほどの単元では，第7時で徳川綱吉の生類憐みの令を扱います。ゴールを「徳川綱吉の政治による社会の変化を説明できる」と設定します。このゴールに向かうために，生類憐みの令の内容を理解することはもちろん，その前後の社会の変化を読み取り，徳川綱吉の政策の意図とその成果を探究する授業になります。

3 各時の課題設定

各時のゴールが決まれば，各時のパフォーマンス課題を設定します。内容の理解にとどまらず，学習者が意思決定し，取り組みたいと思える課題をつくります。例えば，先ほどの授業では，「徳川綱吉の政策に通知票をつけよう」という課題で，政策を評価する課題を設定します。

3 ポートフォリオづくり

　単元の枠組みができたら，それを授業者だけが知っているのでなく，学習者に知らせる必要があります。単元全体で何をできるようになることが求められ，どのような課題が出され，どのように授業が進んでいくのか，そしてどのように評価されるのかを，事前に学習者が知っていることで，見通しを持って学習することができます。

　本書では，「単元ポートフォリオ」を活用して単元を進めていきます。最近では，「1枚ポートフォリオ」が有名になり，多くの方が実践されていることでしょう。特に「この形式が一番良い」というものはありません。学習者が学びに向かいやすい形であれば，創意工夫があってよいと思います。

　ここでは，単元ポートフォリオに載せる項目と，筆者が使っているもののレイアウトを一例として紹介します。

1　単元全体の課題

　単元全体の課題を提示します。事前に提示することで，毎時間意識して学習することができます。また，授業以外の時間に課題について調べ，知識を構築することができます。

2　単元全体の課題の評価規準

　評価規準を事前に学習者に提示します。そうすることで，どのように学び，表現することが求められているのか，達成の規準を明確にして学習を進めることができます。

3　本時の目標

　各時間の本時の目標を提示します。本時の振り返りを行う際に，自分の学びが目標に到達しているか，学びの到達度や方向性を確かめることができます。

4　本時の学習で学んだこと，さらに考えたいこと

　各時間の振り返りとして，学んだこと，さらに考えたいことを記述します。この各時間に学んだことを組み合わせることで，単元全体の課題を解決できるようになります。

【ポートフォリオ見本】

表面

社会科 単元ポートフォリオ「学びのもくじとあゆみ」

歴史的分野「第一次世界大戦と民族独立の動き」

3年（　）組（　）番 氏名（　　　　　　　　）

予測を立てよう!

ベルサイユ条約の問題点を指摘し、争いを生まないための条約を提案しよう!

学習内容	授業で大切だと思ったことを書こう!
1.「第一次世界大戦の始まりと総力戦」 目標：第一次世界大戦の原因とこれまでの戦争との違いを説明できる。 学習日：（　）月（　）日	
2.「第一次世界大戦の拡大と日本」 目標：第一次世界大戦とロシア革命への日本の関わりを説明できる。 学習日：（　）月（　）日	
3.「第一次世界大戦後の欧米諸国」 目標：第一次世界大戦後の国際情勢の変化を説明できる。 学習日：（　）月（　）日	

4.「アジアの民族自決と国際協調」

目標：第一次世界大戦後のアジアでの運動をまとめることができる。

学習日：（　）月（　）日

単元のまとめ

ベルサイユ条約の問題点を指摘し、争いを生まないための条約を提案しよう!

裏面

学びの羅針盤	歴史的分野	第一次世界大戦と民族独立の動き

＜単元全体の課題＞

ベルサイユ条約の問題点を指摘し、争いを生まないための条約を提案しよう!

○評価規準

A	・ベルサイユ条約の問題点を、具体的に説明できている。 ・争いを生まないための条約を、どの国も納得でき、平和な社会を実現できるように、現実的・具体的に提案できている。
B	・ベルサイユ条約の問題点を説明できている。 ・争いを生まないための条約を提案できている。
C	B規準のいずれかの項目が満たされていない。

＜重要用語＞

最重要	第一次世界大戦、ロシア革命、民族自決、国際連盟
重要	三国同盟、三国協商、ヨーロッパの火薬庫、サラエボ事件、総力戦、 二十一か条の要求、シベリア出兵、ソビエト社会主義共和国連邦、 ベルサイユ条約、三・一独立運動、五・四運動、ワシントン会議
人物	ガンディー

1 社会科の資質・能力の段階

　授業内で，学習者に問う場面は多くあります。例えば，学習者の興味をひくためにクイズを用いる。これ自体は大切ですが，クイズばかりだと一問一答形式に陥り，学習者は飽きてしまいます。一方で，「なぜ」という問いは，因果関係を問う発問なので，学力をつける上で重要です。しかし，「なぜ」ばかりを問うと，学習者の意欲に差が生まれます。つまり，そもそも関心の低い学習者は学びに向かいません。また，答えを求める問いなので，正解ありきの学習に陥ります。

　このように，発問を無自覚に行うと，授業はうまくいきません。目的に合わせた発問を効果的に用いることで，資質・能力を育成する授業になります。ここでは，発問を効果的に用いるために，発問を類型化します。そのためには，まず目的となる社会科の資質・能力の段階を理解する必要があります。右の図は，社会科の資質・能力を大まかに段階化したものです。社会科教育学，認知心理学などの理論を参考にしています。

①事実・情報読み取り

②概念（理解）

③価値判断

④意思決定

①事実・情報読み取り

　事実を知ることや，資料から情報を読み取る段階です。語句の暗記や一問一答クイズが，この段階に当たります。

②概念（理解）

　個別の事実ではなく，思考の結果として獲得した，他に応用できる概念を理解する段階です。「なぜ」疑問による探究学習などが，この段階に当たります。

③価値判断

　価値を扱い，どちらが望ましいか，判断を求める段階です。対立する意見の背景にある価値を明確にし，どちらの価値が優先されるべきかの判断を問う学習が，この段階に当たります。

④意思決定

　客観的な理解にとどまらずに，自分自身の立場を明確にして，意思決定を行う段階です。どちらかを選んだり，提案したり，課題を解決したりする学習が，この段階に当たります。

2 発問の類型化

　資質・能力の4段階に基づいて，発問を類型化します。分類することが目的ではなく，分類することで，授業内の必要な場面で自覚的に発問することが目的です。

　社会科教育学，認知心理学などの理論を参考に，発問の種類を類型化したのが，下の表です。様々な方面からの指摘は想定されますが，授業者にわかりやすいことを最優先に，分類しています。

表　発問の類型

レベル	番号	発問	発問の具体例
レベル1 事実	1－1	事実を問う	〜は何（いつ，どこ，誰）か
	1－2	読み取りを問う	（データより）何が読み取れるか
レベル2 概念 （理解）	2－1	原因・理由を問う	なぜ〜なのか，〜の原因は何か
	2－2	結果・影響を問う	〜の結果，どうなったか
	2－3	まとめさせる	まとめると，どうか
	2－4	例をあげさせる	具体的にはどうか
	2－5	比較させる	どう違うか，どちらが〜か
	2－6	分類させる	どうまとめられるか，どの分類か
	2－7	多面的に問う	〜の視点ではどうか，複数の視点で考えよう
	2－8	多角的に問う	〜の立場ではどうか，複数の立場で考えよう
	2－9	（事実を）評価させる	正しいか，良いか
レベル3 価値 判断	3－1	価値明確化	どのような価値に基づくか
	3－2	価値吟味	その価値は優先されるべきか
	3－3	価値判断	どちらが望ましいか
レベル4 意思 決定	4－1	意思決定	どちらを選ぶか，どうすればよいか
	4－2	課題解決	どのように解決するか
	4－3	提案	どうすればよいか
	4－4	（事実・価値を）評価させる	正しいか，良いか

　　〈第2章での表記〉レベル1… 📄　　レベル2… ✏　　レベル3… ❓　　レベル4… ❗

　授業の目的に合わせて，何を，どのように，どの順序で問うのかを考え，授業をデザインします。

3　授業の組み立て

　続いて，授業を組み立てます。授業は，ゴール（目的）からの逆算です。どうすれば学習者がゴールに到達できるかを考えて組み立てていきます。

1　ゴールに向かうための骨組みづくり

　まずは，骨組みづくりです。例えば，「足利義満の政策を評価しよう」という授業のゴール（パフォーマンス課題）で考えましょう。

　足利義満の政策を評価するためには，足利義満がどのような政策を行ったのかを理解する必要があります。また，「なぜ，その政策を行ったのか」という原因と，「政策の結果，どうなったのか」という結果を分析し，その政策が良かったのかを判断する必要があります。

　このように，課題を解決するために，要素に分類・分解していくことを，「課題分析」と言います。

2　スモールステップ化

　課題を解決するために必要な要素が集まったら，それらを並べ，授業の流れをつくります。例えば，「なぜ，日明貿易を行ったのか」の問いに対しては，「もうけたかったから」という浅い理解にとどまる危険性があります。このような少しハードルが高いところには，補助発問や資料を用意することで，クリアしやすくします。これを「スモールステップ化」と言います。

3　考えたくなる課題

　最後に，学習者が取り組みたくなるように，活動内容や発問の仕方を工夫したり，ネタやクイズを挿入したりして，最後まで学習に向かえるようにします。学習する内容だけでなく，学習意欲もデザインすることが大切です。

　先ほどの問いへの補助として，損得クイズを挿入し，「徳政令で得した人，損した人」を分類することで，酒屋や土倉からの税金に頼っていた室町幕府の脆弱性がみえてきます。楽しく，問いの補助となるようなネタ・クイズで，つまずきを予防します。

　次節では，誰一人取り残さず，全員参加・全員に力をつけるためのポイントを解説します。

1 環境のユニバーサルデザイン

　特別支援教育の視点が重視され，ユニバーサルデザインも広く知られるところとなってきています。ユニバーサルデザインは，「全員」にこだわるための最低条件と言えるでしょう。まずは，ユニバーサルデザインで，その集団のみんなにとって取り組みやすい授業をデザインします。次に，ユニバーサルデザインだけでは難しい学習者に対して，集団内で学習しやすい配慮を行います。それでも難しい場合，授業以外の場面を用いて，個別学習が必要となります。このように，集団や学習者の状況に応じて，全員が学びやすい環境をデザインすることも，授業者の大事な仕事です。

　支援というと，手伝ったり，補ったりというイメージがあるかもしれません。しかし，そうではなく，学習者の得意・不得意などの特性を理解し，学習に参加し，力をつけていく支援が必要です。そのためには，次の3つが欠かせません。

1　学習者の特性の理解（アセスメント）

　障がいの有無にかかわらず，学習者の得意・不得意などの特性を理解しましょう。「〜ができない」で終わるのではなく，「なぜできないのか」「どうすればできるのか」「得意な面で不得意な面を補えないか」といった視点で，学習者の理解を深めていきます。

2　学習に参加するための支援

　全員が教室で学習しやすくするための支援です。例えば，50分間集中を続けるのが苦手な学習者は多いでしょう。それなら，50分間をいくつかの活動に分けて展開します。また，見通しが持てないと不安な学習者もいます。それなら，授業の目標や流れをあらかじめ提示することで，落ち着いて学習に向かうことができます。

3　力をつけるための支援

　サポートだけでなく，力をつけるための支援も重要です。例えば，いきなり「なぜ〜なのか」と問われても，答えることが難しい学習者は多いでしょう。解決できるように，課題を細かな要素に分解し（課題分析），スモールステップで解決できるように，授業を組み立てます。

※詳しくは，拙著『学級経営＆授業のユニバーサルデザインと合理的配慮』（明治図書）をご覧ください。

2 学力のユニバーサルデザイン

　授業冒頭で，前時の復習をする授業はよくあります。これ自体が悪いわけではありませんが，方法を間違えると学習者の全員はついてきません。学習が積み上がっていない子からすれば，自分の知らない，わからないことを，授業の最初に突きつけられるので，授業に参加したいと思うわけがないからです。こういった問い・活動を「学力を必要とする問い・活動」と呼びます。これは，学力のある子が参加できる問い・活動であって，そうでない子は参加できません。「学力を必要とする問い・活動」は，「学力差を広げる問い・活動」でもあるのです。

　では，学習者全員が参加できる問い・活動とは，どのようなものでしょうか。それは，「学力を必要としない問い・活動」から始め，学習を通して力をつけていくことです。「授業ネタ」で有名な河原和之先生は，これを「学力のユニバーサルデザイン」と呼んでいます。学力的にしんどい子でも参加しやすい，むしろそういった子が授業を引っ張っていけるような問い・活動，授業の雰囲気が，全員が学びやすい環境を生むのです。まさに「学力のユニバーサルデザイン」と言えるのです。学力のユニバーサルデザインのポイントを，2つ紹介します。

1　知識（学習知）を必要としない導入

　知っていないとできない問いは，授業，特に導入にはふさわしくありません。例えば，クイズを出す場合，学習者の興味・関心のあるものや，日常の経験から答えられるものを用います。選択肢方式にして，勘でも参加できるものもよいでしょう。また，数字を用いると，具体的で考えやすくなります。そのような問いから，学習内容に迫るように，組み立てましょう。

2　矛盾・意外性，葛藤，切実性のある題材

　単発のクイズばかりでは，学習者は飽きてしまいます。学習者を前のめりにさせる，学習に向かう仕掛けが必要です。矛盾や意外性は，「普通〜だろう」と思っているのに，予想外の結果が起こり，「うそ！　どうして？」と考えたくなります。学習の得意な子が間違えて，苦手な子が正解するという逆転現象も起こります。

　葛藤や切実性は，考えたくなる，解決したくなる課題です。どちらを選んでもメリット・デメリットのある葛藤課題や，学習者に直接つながる課題や，正義などに関わる課題は，切実性の高い課題です。これらの問い・課題によって，学習者が学びに熱中するようになります。

3 意欲のデザイン

　学習を進める上で，意欲的に学習に向かわせるのも，授業者の大事な仕事です。意欲的に取り組ませようと思うと，すぐに思い浮かぶのは，「興味のありそうな話をしよう」や「びっくりする内容を取り入れよう」などのようなネタやパフォーマンスが中心ではないでしょうか。しかし，それだけでは，学習者はそのときは楽しく意欲的になっても，それが終わると意欲を失ってしまいます。また，ネタやクイズに飽きてしまうことも，よくあることです。意欲を単発でなく，学習の間継続できるようにデザインすることが求められます。

　そこで，ケラーの提唱する ARCS モデルに注目します。ARCS モデルとは，学習意欲に関わる 4 つの要因に着目し，それらを適切にデザインすることで，学習意欲を高め，効果的な学習に導くためのモデルです。4 つの要因は，注意（A），関連性（R），自信（C），満足感（S）です。

①注意（Attention）…学習者の関心をつかみ，学ぶ好奇心を刺激することです。例えば，視覚情報で伝えたり，具体例を用いたり，人物に焦点を当てたり，矛盾や葛藤を引き起こしたりすることで，学習者の注意をひき，好奇心を刺激することができます。

②関連性（Relevance）…学習者の個人的なニーズや目標と関連付けることです。例えば，生活の中で経験すること（生活知）とつなげたり，学習したこと（既知）とつなげたり，協同学習を取り入れたり，学ぶ価値があると捉えさせたりすることで，自分自身と学習内容を肯定的に関連付け，意欲的に学習するようになります。

③自信（Confidence）…学習者が成功できる，もしくは成功できそうだと実感する手助けをすることです。例えば，課題の難易度を調整したり，見通しを持たせてできると思えるように工夫したり，活動ごとにフィードバックを与えたりすることで，自信を持って学習を継続することができるようになります。

④満足感（Satisfaction）…（内的・外的）報酬によって，達成感を強化することです。例えば，学習の成果に対して称賛（ほめるなど）したり，学習したことを他のものに転用する機会を与えたりすることで，満足感を持って次の学習に向かうことができるようになります。

　ARCS モデルを取り入れ，学習者の意欲を意図的にデザインしましょう。

4 全員に力をつけるための授業デザイン

　ここまでの内容を踏まえ，誰一人取り残さず，全員に力をつけるオーセンティックな学びに近づけるために，大事にしたいポイントをまとめたのが，下の表です。

授業全体	・オーセンティックな課題を中心に学習を組み立てる。 ・授業をいくつかの活動に分けて，展開する。
導入	・クイズなど，興味・関心のあるネタで学習に向かわせる。 ・見通しを持てるように，授業の目標や流れを提示する。
展開	・協同学習で，学び合い，意見を出し合う。 ・スモールステップの展開で，ゴールに到達しやすくする。
まとめ	・本時のパフォーマンス課題で，授業で学んだことを活用する。 ・ポートフォリオを用いて，学習したことを振り返り，次の学習に活かす。
単元全体の課題	・現代社会につながる課題，自分の意見を問う課題を設定する。 ・単元全体の課題を先に提示し，学習の意味付けをする。 ・単元ポートフォリオを用いて，学習の見通しやつながりを持たせる。

　本章では，オーセンティックな学びについて解説し，それをもとに歴史学習をどのように行うのかを示しました。また，学習者の視点から，全員に力をつけるための視点も示しました。
　次章では，実践編として，歴史学習の全単元の単元プランと，単元内のいくつかの授業プラン，そして授業で用いるワークシートを紹介します。

【第1章の参考文献一覧】
David Harris and Michael Yocum, *Powerful and Authentic Social Studies*, National Council for the Social Studies, 2000.
拙著「Powerful and Authentic Social Studies における教師の専門性の開発―社会科授業の評価基準に着目した分析研究―」『大阪教育大学 社会科教育学研究』第10号，2012年，pp.1-10.
拙著『学級経営＆授業のユニバーサルデザインと合理的配慮』明治図書，2018年
拙著『経済視点で学ぶ歴史の授業』さくら社，2020年
R. J. マルザーノ他『教育目標をデザインする』北大路書房，2013年
J. M. ケラー『学習意欲をデザインする』北大路書房，2010年

オーセンティックな学びを取り入れた授業を成功させるためのチェックリスト

			✓
ポイント1 カリキュラムづくり	1．知識の構築	①課題解決のために，情報をまとめる学習になっているか	
		②知識の伝達でなく，思考を重視した学習になっているか	
		③多面的・多角的に考える学習になっているか	
	2．学問に基づく（鍛錬された）探究	④重要な概念を理解することを求める学習になっているか	
		⑤複数の学問の考えを取り入れる学習になっているか	
		⑥議論する時間・必要のある学習になっているか	
	3．学校を超えた価値	⑦社会とつながる課題となっているか	
		⑧社会とつながる学習方法となっているか	
		⑨社会とつながる評価方法となっているか	
	4．学習者のハードル	⑩その学習はおもしろそうか（興味・関心のハードル）	
		⑪できそうか，やる意味はあるか（メタ認知のハードル）	
		⑫うまくできたか，やった価値はあったか （達成感のハードル）	
	5．オーセンティックな歴史学習	⑬3つのパターンのいずれかの学習になっているか	
		⑭歴史の段階を意識した学習になっているか	
ポイント2 単元・パフォーマンス課題づくり	1．単元全体の課題づくり	①単元の学習内容を満たす課題になっているか	
		②「本質的な問い」につながる課題になっているか	
		③現代社会とつながる課題になっているか	
	2．単元のデザイン	④単元が適切に構造化されているか	
		⑤各時間のゴールが明確化されているか	
		⑥各時間の課題が適切に設定されているか	
ポイント3 授業・発問づくり	1．資質・能力	①社会科の資質・能力の段階を意識した目標となっているか	
	2．発問の類型	②発問の類型を意識した授業デザインとなっているか	
	3．授業の組み立て	③ゴールに向かうための骨組みづくりはできているか	
		④授業内の課題がスモールステップ化されているか	
		⑤考えたくなる課題を授業に取り入れているか	
ポイント4 全員に力をつける（誰一人取り残さない）	1．環境のユニバーサルデザイン	①学習者の特性を理解（アセスメント）できているか	
		②学習に参加するための支援は考えられているか	
		③力をつけるための支援は考えられているか	
	2．学力のユニバーサルデザイン	④知識（学習知）を必要としない導入になっているか	
		⑤矛盾・意外性，葛藤，切実性のある題材になっているか	
	3．意欲のデザイン	⑥関心をつかみ，学ぶ好奇心を刺激する授業となっているか	
		⑦学習者のニーズや目標と関連付ける授業となっているか	
		⑧できる，できそうだと思える授業となっているか	
		⑨達成感を得られる授業となっているか	

第 2 章

オーセンティックな学びを
取り入れた授業展開&
ワークシート

Authentic Achievement

×

History

文明繁栄の条件

単元構成のねらい

　本単元は，古代の，そして歴史学習最初の単元である。それぞれの時代・場所の特徴をつかむことはもちろんであるが，それぞれの繁栄や衰退の共通点を考えさせたい。その共通性を理解することで，バラバラな時代・場所の学習がつながり，また，現代社会を考える上でも必要な視点をつかむことができる。

単元の概念構造

〈本質的な問い〉文明や国の繁栄に共通することは，何だろう？

〈単元の問い〉なぜ，文明や都市国家は，繁栄・衰退したのだろう？

〈考えさせたい視点〉

・地理の視点…（大河の近くなど）安定して生活できる場所に，文明や都市国家はできている。

・政治の視点…国民・市民の豊かな暮らしを支える国のしくみが整えられると，繁栄する。

・経済の視点…他地域との交流が利益をもたらし，文明や国を繁栄させる。徴税のしくみを整え，公共事業などで国民・市民が納得できていると，文明や国は繁栄する。

オーセンティックな学びに近づけるポイント

知識の構築	時代も場所も異なる文明や都市国家であるが，その特色を理解するだけでなく，繁栄するための共通点を考えることで，知識を構築する。
学問に基づく探究	「なぜ（どうして）？」をキーワードに，史資料をもとにそれぞれの特色をつかむ。さらに，地理・政治・経済などの視点から，共通点・条件に迫っていく。
学校を超えた価値	直接，現代社会とつながる学習ではないが，時代の特色を超えた共通点・条件を考えることで，他の時代や現代に応用できる力を養う。

単元全体の課題設定のねらい

　本単元の課題は，滅亡，もしくは衰退する前の文明・国を取り上げ，どうすれば繁栄を続けることができたのかを説明する課題である。文明・国の繁栄と衰退の共通点を理解した上で，選んだ文明・国の特徴を踏まえて，プランを提案することを求めている。

単元構成

単元全体の課題	1つの文明・国にタイムスリップし，繁栄継続プランを提案しよう！ 【オーセンティックB】 4-3 提案

パフォーマンス課題	○主発問　・サブ発問（課題）
❶人類の一番大きな進化は何だろう？1つ取り上げて説明しよう！ 【オーセンティックB】 2-9 評価	○人類は，どのように進化したのだろう？ 2-2 結果 ・氷河期の後，人類の生活はどのように変化したのだろう？ 2-5 比較 ・人類の進化とその時期を表にまとめよう！ 2-3 まとめ
❷エジプト文明にタイムスリップし，繁栄を続けるためにどんな手を打つ？ 【オーセンティックC】 4-3 提案	○古代文明は，なぜ繁栄し，衰退したのだろう？ 2-1 原因 ・どうしてピラミッドはつくられたのだろう？ 2-1 原因 ・エジプト文明は，どうして栄えたのだろう？　多面的に考えよう！ 2-1 原因 2-7 多面的 ・エジプト文明は，どうして滅びたのだろう？　多面的に考えよう！ 2-1 原因 2-7 多面的 ・古代文明の共通点は，何だろう？ 2-5 比較
❸あなたが中国近くの小さな島国のトップだったら，朝貢関係のお誘いに対して，どんな返事を書く？ 【オーセンティックC】 4-2 課題解決	○中国文明は，なぜ繁栄し，衰退したのだろう？ 2-1 原因 ・中国の文明と，古代文明の共通点をまとめよう！ 2-5 比較 ・当時の東アジアは，どのような関係だったのだろう？ ・朝貢関係を結ぶことによるお互いのメリットは，それぞれ何だろう？ 2-7 多面的 2-8 多角的
❹ローマ帝国にタイムスリップし，繁栄を続けるためにどんな手を打つ？ 【オーセンティックC】 4-3 提案	○ギリシアやローマ帝国は，なぜ繁栄し，衰退したのだろう？ 2-1 原因 ・ローマ帝国は，どうして都市の水道の整備に力を入れたのだろう？ 2-1 原因 ・ローマ帝国は，どうして栄えたのだろう？ 2-1 原因 ・ローマ帝国は，どうして滅びたのだろう？ 2-1 原因
❺宗教を紹介する新聞記事を書こう！ 【オーセンティックC】 4-2 課題解決	○なぜ宗教は生まれたのだろう？ 2-1 原因 ・3つの宗教の特徴をまとめよう！ 2-3 まとめ ・宗教が生まれるときの共通点は何だろう？ 2-5 比較

【本単元の参考文献】
河原和之『100万人が受けたい「中学歴史」ウソ・ホント？授業』明治図書，2012年
大村大次郎『お金の流れでわかる世界の歴史』KADOKAWA，2015年
宇山卓栄『経済で読み解く世界史』扶桑社，2019年
グレン・ハバード他『なぜ大国は衰退するのか』日本経済新聞出版社，2014年

文明繁栄の条件 ❷

▶ 単元内の位置付け

　本時は，古代文明の繁栄の条件について，エジプト文明を事例に学習していく。まずは，学習者がイメージしやすいピラミッドのクイズから始め，なぜつくられたのかを考えることで，王に求められる条件を考えていく。そして，古代文明の特徴をまとめ，共通点を考えることで，その汎用性をつかんでいく。

▶ 指導言でわかる！授業の流れ

(1) クイズ ①（ピラミッドの写真を提示し）これは何だろう？　→ピラミッド！

　②エジプトには，文明当時の様子が壁画に残っている。（壁画を提示し）何をしているところか予想しよう！　→麦の収穫を行っている。王に何かを納めている。

　③ピラミッドの大きさはどれくらいだろう？

　→最大のもので高さ約138m，底辺の長さは230m。

　④これだけ大きなピラミッドをどうやってつくったのだろう？

　→大きな石を遠くから運んでつくったので，相当な人数が必要であった。

　⑤ピラミッドの石切り場で落書き発見！どんな落書きだった？次から2つ選ぼう！（4択）

　Ａ：どうして王のためにこんなことをしなければならないのか！　Ｂ：王，バンザイ！

　Ｃ：早く家に帰ってのんびりしたいな　Ｄ：家に帰ったら，パンを食べてビールを飲もう！

　（※河原実践）　→正解は，ＢとＤ。

　⑥どうして「王，バンザイ」なのだろう？

　→ピラミッド建設には，仕事がない人に仕事を与えるという目的があったと言われている。

(2) 発問 エジプト文明は，どうして栄えたのだろう？　多面的に考えよう！

　　　　　　　　　　　　　　　　　　　　　　　　　🖉 2-1 原因　🖉 2-7 多面的

　　・農業などがしやすい場所だったから。

　　・計画的なまちづくり（都市国家）が行われたから。

　　・人々が安定した生活するためのしくみを，王がつくったから。

(3) 発問 エジプト文明は，どうして滅びたのだろう？　多面的に考えよう！

　　　　　　　　　　　　　　　　　　　　　　　　　🖉 2-1 原因　🖉 2-7 多面的

　→天候不順による飢饉や，他民族の影響など様々あるが，国民が安心して生活できる環境を国家がつくれば国は栄え，そうでなくなると国は滅びる。

(4) 活動 古代文明の特徴をまとめよう！　→（略）　　　　　　🖉 2-3 まとめ

(5) 発問 古代文明の共通点は，何だろう？　　　　　　　　　　🖉 2-5 比較

　→どの文明も大きな川の近くにある。庶民の生活を支えるしくみがある。文字がある。など

(6) パフォーマンス課題 エジプト文明にタイムスリップし，繁栄を続けるためにどんな手を打つ？

　　　　　　　　　　　　　　　　　　　　　　　　　　　　　❗ 4-3 提案

文明繁栄の条件 ②

目標 古代文明が栄える共通点を説明できる。

【活動１】エジプト文明は、どうして栄えたのだろう？

エジプト 文明が 栄えた	←	

【活動２】エジプト文明は、どうして滅びたのだろう？

エジプト 文明が 滅びた	←	

【活動３】古代文明の特徴をまとめよう！

文明				
川				
文字				
特徴				

【活動４】古代文明の共通点は、何だろう？

【パフォーマンス課題】エジプト文明にタイムスリップし、繁栄を続けるために
　　　　　　　　　　　どんな手を打つ？

古代リーダーの条件

単元構成のねらい

　本単元は，古代の2番目の単元である。縄文時代，弥生時代，古墳時代，それぞれの時代の特徴をつかむことが学習の中心である。さらに，力を持つための条件を考えることで，時代による違いだけでなく，共通性も考えることができる。

単元の概念構造

〈本質的な問い〉力を持つための条件とは，何だろう？

〈単元の問い〉古代東アジアで，力をつけて発展するための条件は，何だろう？

〈考えさせたい視点〉

・地理の視点…海沿いなど，交通や流通に便利なところに，ムラやクニができている。

・政治の視点…朝貢関係によって，強い国に後ろ盾になってもらうことで，国内で力を持っている。

・経済の視点…希少なモノ，価値の高いモノ（技術等を含む）を手に入れると，周囲との関係を優位にすることができる。

オーセンティックな学びに近づけるポイント

知識の構築	本単元も，前単元同様，異なる時代の特色を理解するだけでなく，発展する・力をつける共通点・条件を考えることで，知識を構築する。
学問に基づく探究	前単元同様，史資料をもとにそれぞれの時代の特色をつかむ。さらに，地理・政治・経済などの視点から，共通点・条件に迫っていく。
学校を超えた価値	本単元も，直接現代社会とつながる学習ではないが，時代の特色を超えた共通点・条件を考えることで，他の時代や現代に応用できる力を養う。

単元全体の課題設定のねらい

　本単元の課題は，3つの時代を比較し，多面的に考えてその時代の良さを説明する課題である。もちろん，どの時代を選んでも構わない。多面的に時代の特徴をつかみ，その良さを他者に伝わるように説明することで，今後の課題に必要な力をつけさせたい。

単元構成

単元全体の課題	一番暮らしやすいのは，３つの時代のどれか。各時代を多面的に説明し，その時代を選んだ理由を説明しよう！【オーセンティックC】 4－2 課題解決

パフォーマンス課題	○主発問　・サブ発問（課題）
❶縄文時代と弥生時代，どちらが幸せだっただろう？　自分の考えを説明しよう！ 【オーセンティックC】 4－2 課題解決	○縄文時代と弥生時代にはそれぞれどのような特徴があるのだろう？ 2－3 まとめ ・縄文時代は，どうして１万年以上も続いたのだろう？ 2－1 原因 ・絵から，縄文時代と弥生時代の共通点と違う点を書き出そう！ 2－5 比較
❷邪馬台国の場所はどこ？　資料をもとに説明しよう！ 【オーセンティックC】 4－2 課題解決	○どうして人々は，ムラからクニへとまとまっていったのだろう？ 2－1 原因 ・どうして，原産地が遠い貝が発見されるのだろう？ 2－1 原因 ・どうして卑弥呼はリーダーになったのだろう？ 2－1 原因
❸王の家臣として，勢力を拡大するための条件を説明しよう！ 【オーセンティックC】 4－2 課題解決	○勢力を拡大するための条件は何だろう？ 2－1 原因 2－3 まとめ ・古墳は，何のためにつくられたのだろう？ 2－1 原因 ・どうしてヤマト王権は，勢力を拡大することができたのだろう？ 2－1 原因 ・渡来人は，どうして日本に来たのだろう？ 2－1 原因

【本単元の参考文献】
河原和之『100万人が受けたい！見方・考え方を鍛える「中学歴史」 大人もハマる授業ネタ』明治図書，2019年
阿部雅之『子供を歴史好きにする！面白ネタでつくる全時代の授業プラン＆ワークシート』明治図書，2020年
大村大次郎『お金の流れで読む日本の歴史』KADOKAWA，2016年
加藤謙吉他『NHK さかのぼり日本史　外交篇10』NHK 出版，2013年
岡村道雄『縄文の生活誌』講談社，2002年

▶ 単元内の位置付け

　本時は，ヤマト王権が勢力を拡大した理由に迫る。まず，当時を代表する古墳にまつわるクイズから学習を始める。次に，古墳がつくられた理由を考え，外国との関係や失業対策であったことを捉えさせる。そして，ヤマト王権が勢力を拡大した理由に迫り，外国との結びつきで鉄をつくる技術を持つことで，優位に立てる当時の状況を捉えさせる。

▶ 指導言でわかる！授業の流れ

(1) クイズ

　①次のうち，数が一番多いのはどれ？（3択）A：コンビニ　B：山　C：古墳（※阿部実践）

　→正解はC。特に，近畿地方では古墳は身近である。

　②一番大きな古墳の大きさは？（3択）A：約100m　B：約300m　C：約500m

　→正解はC。大仙古墳を提示し，周囲の建物と比較しながら，その大きさを確認する。

(2) 発問　古墳は，何のためにつくられたのだろう？　　　　　　　　　　　　⟋ 2−1 原因

　→外国の人に日本の力をみせるため。働く場を与えるため。

　そのように外国との関係や領内の整備をしながら，クニが大きくまとまっていった。そして，一番の勢力を誇ったのが，ヤマト王権であった。

(3) 発問　どうしてヤマト王権は，勢力を拡大することができたのだろう？　　⟋ 2−1 原因

　→（予想）軍事力が強かったから。優れたリーダーが現れたから。

　（補助発問）ヒントは，漢字一文字のあるモノが関係しています。　→鉄

(4) 発問　どうして鉄が必要だったのだろう？　　　　　　　　　　　　　　　⟋ 2−1 原因

　→当時，使われていた青銅器と比べて，農具としてはよく掘れて能率が良く，武器としては切れ味が良く強いため。

(5) 発問　ヤマト王権の勢力の拡大と鉄には，どのような関係があるのだろう？　⟋ 2−1 原因

　→当時，鉄は日本ではつくることができず，大陸の技術が必要だった。ヤマト王権は，大陸とのつながりで鉄を手に入れることができ，それによって他のクニよりも優位に立つことができた。

(6) 発問　渡来人は，どうして日本に来たのだろう？　　　　　　　　　　　　⟋ 2−1 原因

　→当時の日本にない優れた技術を持ち，それを伝えるために来た。

(7) パフォーマンス課題　王の家臣として，勢力を拡大するための条件を説明しよう！

❗ 4−2 課題解決

古代リーダーの条件 ③

| 目標 | ヤマト王権が勢力を拡大した理由を説明できる。 |

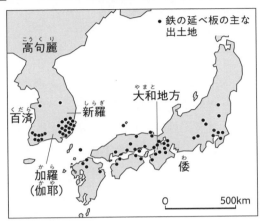

【活動１】 古墳は、何のためにつくられたのだろう？

| 古墳が
つくられた | ← | |

【活動２】 どうしてヤマト王権は、勢力を拡大することができたのだろう？

| 勢力を
拡大できた | ← | |

【活動３】 渡来人は、どうして日本に来たのだろう？

| 渡来人が
日本に来た | ← | |

【パフォーマンス課題】 王の家臣として、勢力を拡大するための条件を説明しよう！

中国にならった国づくりグランプリ

単元構成のねらい

　本単元は，古代の3番目の単元である。本単元では，中国にならった国づくりを進め，律令制度や仏教などが取り入れられ，中央集権国家がめざされる。その改革の中で，矛盾や対立が生まれたり，貴族と庶民，中央と地方の差が拡大したりと，課題も現れた。そのような国づくりのめざす方向性と，その改革による様々な変化や影響を，多角的に捉えさせたい。

単元の概念構造

> 〈**本質的な問い**〉外国の考えやシステムを取り入れると，どのような変化が起こり，人々に影響を与えるのだろう？
>
> 〈**単元の問い**〉中央集権国家をめざした国づくりは，どのような影響を与えたのだろう？
>
> 〈**考えさせたい視点**〉
>
> ・政治の視点…中国にならった律令制度が敷かれ，天皇中心の国づくりが行われた。
> 　　　　　　　仏教を積極的に取り入れ，国を安定させようとした。
>
> ・外交の視点…中国を中心とした東アジアの朝貢関係の中で，中国を手本としながら，一方で独立国としての立場を守るための政策を行っていた。
>
> ・経済の視点…徴税制度を整え，国の整備を行ったが，貴族・朝廷中心の政治であったために，課題も現れた。

オーセンティックな学びに近づけるポイント

知識の構築	それぞれの人物が行った，中国にならった国づくりとその影響を比較することで，その政策の良し悪しを評価するために，知識を構築する。
学問に基づく探究	人物に焦点を当て，その政策を史資料から分析し，中国にならった中央集権国家をめざしたことを理解する。また，それぞれの政策を評価していく。
学校を超えた価値	本単元も，直接現代社会とつながる学習ではないが，政策とその影響を考えることで，現代社会をみる視点を養う。

単元全体の課題設定のねらい

　本単元の課題は，本単元で扱う人物の中で，一番中国にならった国づくりを実現した人物を選ぶ課題である。ここでは，中国にならった国づくりという観点に限定し，その実現度を社会の状況などから判断する。そのため，後の中世以降で取り上げる，人物の政策を多面的・多角的に評価する課題とは異なる。律令制度や仏教などが，日本の社会をどのように変化させ，影響を与えたかを考えるための課題である。

単元構成

単元全体の課題	聖徳太子，天智天皇，天武天皇，聖武天皇の中で，一番中国にならった国づくりを実現したのは，誰だろう？　一人を選び，その理由を説明しよう！ 【オーセンティックB】 `4－4 評価`

パフォーマンス課題	○主発問　・サブ発問（課題）
❶聖徳太子にインタビューしよう！「どのような国づくりをめざしたのか」 【オーセンティックC】 `4－2 課題解決`	○聖徳太子は，どのような国づくりをめざしたのだろう？　`2－3 まとめ` ・聖徳太子の政策をまとめよう！　`2－3 まとめ` ・聖徳太子が結ぼうとした隋との関係は，それまでとどう違い，どうして実現できたのだろう？　`2－1 原因` `2－5 比較`
❷天武天皇にインタビューしよう！「どのような国づくりをめざしたのか」 【オーセンティックC】 `4－2 課題解決`	○倭国（日本）は，どのような国づくりをめざしたのだろう？　`2－3 まとめ` ・どうして大化の改新は起きたのだろう？　`2－1 原因` ・天智天皇，天武天皇の政策をまとめよう！　`2－3 まとめ`
❸なぜ税を納めるのか，国民に説明しよう！ 【オーセンティックC】 `4－2 課題解決`	○奈良時代の税制度は，国を豊かにしただろうか？　`2－9 評価` ・税のしくみをまとめよう！　`2－3 まとめ` ・税は悪いものなのだろうか？　なくした方がいい？ （税は何のためにあるのだろう？）　`2－1 原因` ・班田収授法と墾田永年私財法の違いと影響をまとめよう！ `2－2 結果` `2－5 比較`

❹聖武天皇になりきり，「鎮護国家」を国民に説明しよう！
【オーセンティックC】
`4－2 課題解決`
	○奈良時代の文化には，どのような特徴があるのだろう？
	`2－3 まとめ`
	・聖武天皇の時代，社会の状況はどうだったのだろう？
	・聖武天皇は，どうして仏教にお金をかけたのだろう？
	`2－1 原因`
	・奈良時代の文化と，その特徴をまとめよう！　`2－3 まとめ`

【本単元の参考文献】
河原和之『続・100万人が受けたい「中学歴史」ウソ・ホント？授業』明治図書，2017年
井沢元彦『逆説の日本史2』小学館，1998年
大村大次郎『お金の流れで読む日本の歴史』KADOKAWA，2016年

▶ 単元内の位置付け

　本時は，奈良時代の律令のしくみにおける税制度を中心に学習する。まず，平城京クイズで，都のイメージを持たせ，班田収授法による税のしくみをまとめる。次に，税の負担に苦しむ庶民の様子を示し，「税は悪いものなのか？」と問い，必要性に気付かせる。そして，どのように制度を改善するかを考えさせ，実際に出された墾田永年私財法によって，社会のしくみがどのように変化したのかを考える。

▶ 指導言でわかる！授業の流れ

(1) クイズ

①（平城京を提示し）中央の道の幅はどれくらいあるだろう？

→約74m。実際の写真などを提示し，大きさに気付かせる。

②当時，最も高い位の貴族の年収は？（３択）Ａ：約400万円　Ｂ：約4000万円　Ｃ：約４億円　→正解はＣ。このクイズは，平安時代のクイズの布石にもなる。

③（班田収授法の税一覧を提示し）班田収授法が出されました。みなさんの中で，口分田を与えられるのは，誰ですか？　→全員（制度の実感を持たせる）

④税の負担があるのは，誰ですか？　→全員

⑤（一人を指名し）口分田はいつまであなたのものですか？　→命ある限り

(2) 活動 税のしくみをまとめよう！　→（略）　　　　　　　　　　🖉 2-3 まとめ

(3) 資料読み取り （貧窮問答歌などを提示し）当時の庶民はどのような様子だったのだろう？

→税の負担に苦しんでいた。

(4) 発問 税は悪いものなのだろうか？　なくした方がいい？（税は何のためにあるのだろう？）　　　　　　　　　　　　　　　　　　　　　　　　🖉 2-1 原因

→生活の苦しい人にとっては大変だが，みんなのために税は必要。

(5) 発問 では，あなたなら税制度をどのように改善する？

→免除規定や累進課税などの意見が出てくる。

(6) 活動 実際には，723年に三世一身法，743年に墾田永年私財法が出されました。班田収授法と墾田永年私財法の違いと影響をまとめよう！　　🖉 2-2 結果　🖉 2-5 比較

班田収授法：土地と人民は天皇のもので，土地を借りているために税を納めるという考え方。

墾田永年私財法：新たに開墾した土地は，永久に自分のものになり，私有地ができた。

影響：班田収授法の一部が崩れた。また，私有地は一部の有力な者に集まり，貧富の差が拡大した。

(7) パフォーマンス課題 なぜ税を納めるのか，国民に説明しよう！　　　❗ 4-2 課題解決

中国にならった国づくりグランプリ ③

目標 律令国家における税のしくみを説明できる。

【活動１】税のしくみをまとめよう！

名	対象	内容
祖		
調		
庸		
雑徭		
兵役		

【活動２】税は悪いものなのだろうか？ 税は何のためにあるのだろう？

税は
必要

←

【活動３】あなたなら税制度をどのように改善する？

【活動４】班田収授法と墾田永年私財法の違いと影響をまとめよう！

（班田収授法）	（墾田永年私財法）

（影響）

【パフォーマンス課題】なぜ税を納めるのか、国民に説明しよう！

平安時代は平安？

単元構成のねらい

　本単元は，古代の４番目の単元である。平安時代になり，藤原氏を中心とする貴族の政治が展開される。貴族の政治は華やかな印象があるが，多くの課題を抱えていた。まず，貴族のための政治である。自分たちの権力争いに明け暮れ，律令体制を敷いているものの，国全体を統治できず，腐敗していく。また，財政面でも，貴族の特権が多く認められ，貴族にお金はあるが，朝廷にお金がない状況が生まれ，国の整備や庶民の救済ができなくなった。そして，他民族への侵略である。今の東北地方の資源を求めて，他民族の領域へ侵略した。このような平安時代を多面的・多角的に考察し，政府の役割について考えさせたい。

単元の概念構造

〈**本質的な問い**〉政府は，誰のために，どのような役割を果たすべきだろう？

〈**単元の問い**〉平安時代の政策は，国を豊かにしたのだろうか？

〈**考えさせたい視点**〉

- ・**政治の視点**…摂関政治をはじめ，貴族中心の政策が行われたが，貧富の差が拡大し，人々の生活に影響を与えた。
- ・**外交の視点**…唐の衰退により，遣唐使を廃止し，中国の影響が弱まり，日本独自の文化が花開いた。
- ・**経済の視点**…貴族に有利な制度によって，徴税システムが乱れ，国家の機能が失われた部分が多く現れた。
- ・**貴族の立場**…貴族中心の政策で富を蓄えたが，貴族の中でも藤原氏が権力を強め，朝廷を支配していった。
- ・**庶民の立場**…徴税されても，リターンが得られず，生活に困る人々が多く現れた。
- ・**地方の立場**…地方まで管理するしくみが整わず，その地方の力のある者に支配を任された。

オーセンティックな学びに近づけるポイント

知識の構築	平安時代の課題と解決策を考えるために，それぞれの政策をまとめ，知識を構築する。
学問に基づく探究	史資料をもとに，平安時代の政策とそれによる社会への影響を，多面的・多角的に考え，政府の役割を考えていく。
学校を超えた価値	本単元も，直接現代社会とつながる学習ではないが，政府の役割という現代に通ずる視点で歴史を分析することで，応用できる力を養う。

単元全体の課題設定のねらい

　本単元の課題は，平安時代を多面的・多角的に考察し，その課題に対する解決策を提案するものである。貴族による，貴族のための政治によって，どのような面で，どのような立場の人に課題が出たのかを指摘し，政府の果たすべき役割について考えさせる。

単元構成

単元全体の課題	平安時代は，「平安」だったのだろうか？　平安時代の課題と解決策を提案しよう！【オーセンティックB】 4-3 提案
パフォーマンス課題	○主発問　・サブ発問（課題）
❶朝廷の役人として，政策をPRしよう！【オーセンティックC】 4-2 課題解決	○平安時代，朝廷はどのような国づくりをめざしたのだろう？ 2-3 まとめ ・どうして平安京に都を移したのだろう？ 2-1 原因 ・「武士」はどうして生まれたのだろう？ 2-1 原因 ・「日本」はどのように拡大していったのだろう？
❷藤原氏の政策を，立場別に評価しよう！【オーセンティックB】 4-4 評価	○藤原氏は，どのような政策を行ったのだろう？ 2-3 まとめ ・藤原氏は，どうやって力をつけたのだろう？ 2-1 原因 ・どうして，藤原氏は豊かになっているのに，朝廷にはお金がないのだろう？ 2-1 原因
❸なりきり川柳 　平安時代のある1つの立場になりきって，5・7・5（・7・7）の川柳をつくろう！【オーセンティックC】 4-2 課題解決	○平安時代の文化は，どのような特徴があるだろう？ 2-3 まとめ ・どうして国風文化が生まれたのだろう？ 2-1 原因 ・日本の仏教は，どのように変化したのだろう？ 2-5 比較

【本単元の参考文献】
河原和之『100万人が受けたい「中学歴史」ウソ・ホント？授業』明治図書，2012年
井沢元彦『逆説の日本史3』小学館，1998年
高野尚好監修『人物なぞとき日本の歴史②平安時代』小峰書店，2008年
鎌田和宏監修『教科書に出てくる歴史人物・文化遺産③奈良・平安時代』学研，2012年

▶ 単元内の位置付け

　本時では，藤原氏の政治の光の面だけでなく，影の部分も含めて，多面的・多角的に学習する。まずは，平安時代の暮らしがわかるクイズから楽しく学習を始める。次に，藤原氏がどのように力をつけたのか，摂関政治のしくみを学習する。そして，平安時代の２つの建物を比較し，藤原氏にはお金があるが朝廷にお金がない状況を読み取り，政治の影の部分を捉えていく。

▶ 指導言でわかる！授業の流れ

(1) クイズ ①（寝殿造を提示し）寝殿造，トイレはどうやってした？（※有田実践）

→今でいう「おまる」でした。

②平安時代の美人の３条件は？　→顔が大きい，顔が白い，髪が長い

③どうしてこの条件なのだろう？→当時の貴族の住居である寝殿造は，部屋の中が暗いから。

④○○（そのとき有名な野球選手）と藤原道長の年収，どちらが多い？（※河原実践）

→藤原道長。現在の価値で数億円と言われている。

(2) 発問 藤原氏は，どうやって力をつけたのだろう？　　　　　　　　　　　　　⌗ 2－1 原因

→自分の娘を天皇の后にし，生まれた子を天皇にし，天皇が幼い間は摂政として，成人後は関白として政治の実権をにぎった。

(3) クイズ ①平安時代のモテる条件，外見以外に必要なのは？

→和歌がうまい。漢詩がよめる。

②藤原道長は，自分の娘が天皇に気に入られるように，どうした？（※河原実践）

→家庭教師を雇った。それが紫式部である。

(4) クイズ ①（平等院鳳凰堂を提示し）この建物，見たことない？

→10円玉に描かれている建物

平安時代に藤原頼通が建てたもので，藤原氏の別荘のようなものである。

②では，同じ時代の平安京の玄関にあたる羅城門は，どんな建物だっただろう？

→豪華な建物にちがいない。　→羅城門の絵（ボロボロの様子）を提示

(5) 発問 どうして，藤原氏の建物は豪華なのに，平安京の玄関はボロボロ？　　⌗ 2－1 原因

→藤原氏にはお金があって，朝廷にはお金がなかった。

(6) 活動 では，なぜ朝廷にはお金がなかったか。原因となった法令を教科書から探そう！

→墾田永年私財法。この法令によって，私有地である荘園ができることになった。そして，後に税が免除される荘園も現れ，国に入るはずの税が少なくなり，逆に有力な貴族などに荘園が集まり，経済力も高まった。

(7) 発問 庶民や地方の人々は，どのような生活をしていたのだろう？　　　　　⌗ 2－8 多角的

→律令制度が腐敗し，地方では国司などによる不正な税の取り立てに苦しんだ。

(8) パフォーマンス課題 藤原氏の政策を，立場別に評価しよう！　　　　　　　！ 4－4 評価

平安時代は平安？ ②

目標 藤原氏の政治の光と影を説明できる。

【活動１】藤原氏は、どうやって力をつけたのだろう？

 私が力をつけたのは、

からだ！

【活動２】どうして、藤原氏の建物は豪華なのに、平安京の玄関はボロボロなのだろう？

平安京のイラストを

貼ってコピーください

【活動３】庶民や地方の人々は、どのような生活をしていたのだろう？

【パフォーマンス課題】藤原氏の政策を、立場別に評価しよう！

天皇	
他の貴族	
庶民	

源氏と平氏の政策比較

単元構成のねらい

　本単元は，中世・近世の最初の単元であり，武士が登場し，土地を仲立ちとする主従関係に基づく封建社会の始まる時代である。ここでは，武士が登場した社会背景，平氏と源氏の政策の違いを中心に取り上げる。平氏は貿易を充実させるなど商業重視の政策を行ったのに対し，源氏は土地を仲立ちとした主従関係に基づく農業重視の政策を行い，武家政権を誕生させた。この争いに勝利した源氏の政策が，この後数百年の日本の体制につながることに気付かせる。

単元の概念構造

〈本質的な問い〉安定した政権の条件とは何だろう？

〈単元の問い〉武士が登場したこの時代に，どのような政策が必要だったのだろう？

〈考えさせたい視点〉

・政治の視点…平氏による商業重視の政策，源頼朝による農業重視の政策

・社会の視点…朝廷への不満，武士の登場，武士の力の高まり

・経済の視点…平氏による日宋貿易，源頼朝による御恩と奉公と呼ばれる土地を仲立ちとした主従関係での武士の生活の保障

・武士の立場…平安時代の政策の不十分さから武士が生まれ，武士は自分たちの生活を保障してくれる幕府の政策を支持した。

・貴族の立場…貴族・朝廷の都合を優先したために，最終的には自分たちより低い身分の武士に政権を奪われた。しかし，朝廷は存続させることができた。

・庶民の立場…貴族中心の政策による苦しい生活を強いられ，武家政権での武士と貴族による二重支配を受けた。

オーセンティックな学びに近づけるポイント

知識の構築	「安定した政権の条件」を考えるために，当時の社会状況，立場ごとの考えをまとめ，自身の考えをまとめるために，知識を構築する。
学問に基づく探究	史資料をもとに，武士の登場と武家政権の成立という，社会構造が大きく変わる時代の特色をつかむ。また，多面的に「安定した政権の条件」を考察する。
学校を超えた価値	社会の矛盾や不満から社会構造が大きく変わる時代における，安定した政権の条件を考えることで，現代社会に応用できる視点を養う。

単元全体の課題設定のねらい

　平氏と源氏の政策は，対照的な政策が多く，比較しやすいため，今後の政策評価学習に向けた課題でもある。まずは，日宋貿易を中心とする商業重視の平氏と，土地の権利と主従関係を中心とした農業重視の源氏の政策の違いである。また，権力をつかむ方法は，貴族の方法を真似た平氏に対して，東国を中心に朝廷とは別の政権をつくった源氏の違いがある。そして，平氏の政策は商人らが支持したのに対し，源氏の政策は武士，農民らが支持した。歴史の結果でなく，政策の違いに着目させることで，後の政策評価の学習につなげたい。

単元構成

単元全体の課題	平清盛と源頼朝，それぞれの政策を比較し，どちらが優れているかを説明しよう！ 【オーセンティックB】 4-1 意思決定
パフォーマンス課題	○主発問　・サブ発問（課題）
❶武士は，どうして力をつけたのか，武士にインタビューしよう！ 【オーセンティックC】 2-1 原因 4-2 課題解決	○武士はどうして力をつけていったのだろう？ 2-1 原因 2-3 まとめ ・どうして武士は生まれたのだろう？ 2-1 原因 ・どうして各地で争いが起きたのだろう？ 2-1 原因 ・どうして院政が始まったのだろう？ 2-1 原因
❷平清盛の政策を評価しよう！ 【オーセンティックB】 3-3 価値判断 4-4 評価	○平清盛は，どのような国づくりをめざしたのだろう？ 2-3 まとめ ・平氏は，どうやって力をつけたのだろう？ 2-1 原因 ・平氏の行ったことを，観点ごとに分類し，それを行った理由を説明しよう！ 2-1 原因 2-6 分類 2-7 多面的
❸源頼朝になりきって，弟義経の手紙に返事を書こう！ 【オーセンティックC】 2-1 原因 4-2 課題解決	○源頼朝は，どのような国づくりをめざしたのだろう？ 2-3 まとめ ・「平家物語絵巻」の絵の番号を書こう！〈ワーク〉 ・平氏は，どうして栄華を極めた5年後に滅んだのだろう？ 2-1 原因 2-7 多面的 ・源頼朝は，どうして源義経を許さなかったのだろう？ 2-1 原因 3-1 価値明確化
❹承久の乱，北条政子の言葉への返事を書こう！ 【オーセンティックC】 2-1 原因 4-2 課題解決	○鎌倉幕府は，どうして長く続いたのだろう？ 2-1 原因 ・承久の乱，あなたはどちらにつく？〈ワーク〉 3-3 価値判断 4-1 意思決定 ・鎌倉幕府の政治のしくみをまとめよう！ 2-3 まとめ ・どうして鎌倉幕府は，源氏が途絶えた後も続いたのだろう？ 2-1 原因
❺鎌倉時代の文化の特徴と，オススメ文化を1つ紹介しよう！ 【オーセンティックC】 2-3 まとめ	○鎌倉時代の文化は，どのような特徴があるだろう？ 2-3 まとめ ・平安仏教と鎌倉仏教，場所の違いを比較しよう！ 2-5 比較 ・平安仏教と鎌倉仏教，どのような違いがあるだろう？ 2-5 比較 ・どうして鎌倉時代に仏教は変化したのだろう？ 2-1 原因

【本単元の参考文献】
上條晴夫他編著『ワークショップ型授業で社会科が変わる　中学校』図書文化，2005年
山田真哉『経営者・平清盛の失敗』講談社，2011年
山口慶一『気象と食糧から見た21世紀版日本の歴史　卑弥呼―戦国時代』アイシーアイ出版，2010年

源氏と平氏の政策比較 ❷

▶ 単元内の位置付け

　本時は，平氏の政策の特徴を理解するための学習である。まずは，平氏が力をつけていく流れを，エピソードを中心に学習する。次に，平氏の政策を観点ごとにまとめ，軍事だけでなく貿易などの商業を重視したこと，貴族と同じ方法で権力をつかんだことを理解する。そして，平氏の政策はどうだったのかを評価し，後に源氏の政策と比較する。

▶ 指導言でわかる！授業の流れ

(1) クイズ 平氏は，どうやって力をつけたのだろう？　　　　　　　　　　　　　🖉 2-1 原因

　（3択）A：武力で敵を倒した　B：勝手に貿易をしてもうけた　C：上皇にゴマすりした

→**正解はすべて**

平清盛の父，忠盛は，宋と密貿易を行い，珍しい品物を手に入れた。そしてそれをタダで上皇に貢ぐことによって気に入られ，出世していった。

(2) 資料読み取り （帝国書院 p.63の資料を提示し）日宋貿易では，どんなものを輸入したのだろう？

→**陶磁器，絹織物，書籍，宋銭**

(3) 発問 どうしてお金を輸入したのだろう？　　　　　　　　　　　　　　　　🖉 2-1 原因

→**信用のある宋の銭を取り入れることで，日本に貨幣経済を浸透させたかった。**

(4) 活動 平氏の活動を年表にまとめよう！　→（略）

(5) 活動 平氏の行ったことを，観点ごとに分類し，それを行った理由を説明しよう！

🖉 2-1 原因　🖉 2-6 分類　🖉 2-7 多面的

観点	平氏の行ったこと	理由
経済 （貿易）	日宋貿易を行う 大輪田泊を修築する	貿易で利益をあげ，貨幣経済を浸透させたかった。 日宋貿易での利益を増やしたかった。
軍事	保元の乱に勝利する 平治の乱に勝利する	貴族の内部争いに介入し，平氏の力を高めたかった。
政治	関白になる	藤原氏と同じ方法で，実権をにぎりたかった。
その他		

(6) 活動 平清盛にインタビュー：平清盛は，どのような国づくりをめざしたのだろう？

🖉 2-3 まとめ

→（例）貿易などの商業を中心とした国づくり，貴族だけでなく武士も政治に参加する国づくり，など

(7) パフォーマンス課題 平清盛の政策を評価しよう！　　　❓ 3-3 価値判断　❗ 4-4 評価

源氏と平氏の政策比較 ②

目標 平氏が力をつけた理由を説明できる。

【活動１】平氏の活動を年表にまとめよう！

年代	出来事

【活動２】平氏の行ったことを、観点ごとに分類し、それを行った理由を説明しよう！

観点	平氏の行ったこと	理由
経済（貿易）		
軍事		
政治		
その他		

【活動３】平清盛にインタビュー：平清盛は、どのような国づくりをめざしたのだろう？

私のめざした国づくりは、

だ！

【パフォーマンス課題】平清盛の政策を評価しよう！

	（理由）
点	

▶ 単元内の位置付け

　本時では，平氏の滅亡と鎌倉幕府の成立を中心に学習する。時数が許せば，平氏の滅亡と鎌倉幕府の成立を分けて，２時間で学習したい内容である。まず，平氏滅亡までの流れを，「平家物語絵巻」の並べ替えで楽しく学習する。次に，平氏滅亡の原因を多面的に考える。そして，鎌倉幕府成立の流れを説明する。その後，源頼朝が平氏追討の一番の貢献者である源義経を許さなかった理由を考え，源頼朝がめざした，朝廷と距離を置いた武家政権の姿を捉えさせたい。

▶ 指導言でわかる！授業の流れ

(1) クイズ 平氏最大の領地は，全国の約何％だっただろう？　→ほぼ半分（50％）

(2) 発問 最大の領地を誇ったその５年後に平氏は滅亡した。どうしてだろう？（ここでは投げかけのみ）

(3) 活動 平家物語絵巻の絵を９枚用意する（時間によっては４枚でもよい）

　説明文と合うように，時代の古い順番に並べ替えよう！　→（略）

(4) 発問 平氏滅亡の一番の原因は何だろう？　　　　🖊 2-1 原因　🖊 2-7 多面的

　→平氏のための政治で，武士の信頼を得られなかったから。源平の合戦当時，西日本は飢饉で食糧がなく，一方東日本は豊作だったから。飢饉で米の価値が上がり，お金の価値が下がったから。

(5) 説明 鎌倉幕府成立の流れを説明（動画を活用）

(6) 発問 （源義経からの源頼朝への手紙を提示し）源頼朝は，弟の義経を許さなかった。平氏追討に一番貢献した源義経を，どうして許さなかったのだろう？　手紙の問題部分を探そう！

　　　　　　　　　　　　　　　　　　🖊 2-1 原因　❓ 3-1 価値明確化

〈手紙の内容〉私は，（中略）平家打倒のため命を惜しまず海の底に沈むことも苦痛とせずに戦ってきました。これは，長い間の念願であった平家打倒のためだからこそです。おかげで私も，朝廷から五位尉という高い位をいただきました。源氏にとっても，たいへん名誉なことではないでしょうか。私には，このほかの野心などまったくありません。（河原和之編著『〈活用・探究力を鍛える〉「歴史人物42人＋α」穴埋めエピソードワーク』明治図書，2009年，p.45）

　→武士のための政権をつくろうとしたのに，朝廷から勝手に役職をもらったから。

(7) 発問 源頼朝は，どのような国づくりをめざしたのだろう？　　　🖊 2-3 まとめ

　→朝廷の支配を受けることのない，武士による，武士のための国づくり

(8) パフォーマンス課題 源頼朝になりきって，弟義経の手紙に返事を書こう！

　　　　　　　　　　　　　　　　　　🖊 2-1 原因　❗ 4-2 課題解決

源氏と平氏の政策比較 ③

目標 平氏が滅亡し、鎌倉幕府ができた理由を説明できる。

【活動1】下の説明文と合うように、「平家物語絵巻」の絵の番号を書こう！

『平家物語』ストーリー

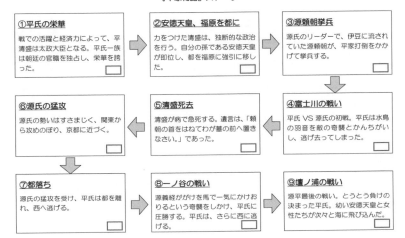

①平氏の栄華
戦での活躍と経済力によって、平清盛は太政大臣となる。平氏一族は朝廷の官職を独占し、栄華を誇った。

②安徳天皇、福原を都に
力をつけた清盛は、独断的な政治を行う。自分の孫である安徳天皇が即位し、都を福原に強引に移した。

③源頼朝挙兵
源氏のリーダーで、伊豆に流されていた源頼朝が、平家打倒をかかげて挙兵する。

⑥源氏の猛攻
源氏の勢いはすさまじく、関東から攻めのぼり、京都に近づく。

⑤清盛死去
清盛が病で急死する。遺言は、「頼朝の首をはねてわが墓の前へ置きなさい。」であった。

④富士川の戦い
平氏 VS 源氏の初戦。平氏は水鳥の羽音を敵の奇襲とかんちがいし、逃げ去ってしまった。

⑦都落ち
源氏の猛攻を受け、平氏は都を離れ、西へ逃げる。

⑧一ノ谷の戦い
源義経がけを馬で一気にかけおりるという奇襲をしかけ、平氏に圧勝する。平氏は、さらに西に逃げる。

⑨壇ノ浦の戦い
源平最後の戦い。とうとう負けの決まった平氏。幼い安徳天皇と女性たちが次々と海に飛び込んだ。

【活動2】平氏滅亡の一番の原因は何だろう？

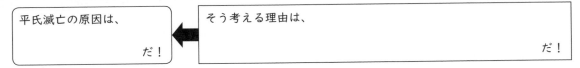

平氏滅亡の原因は、
　　　　　　　　　　だ！

そう考える理由は、
　　　　　　　　　　だ！

【活動3】源頼朝は、どうして源義経を許さなかったのだろう？

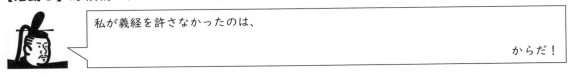

私が義経を許さなかったのは、
　　　　　　　　　　からだ！

【活動4】源頼朝は、どのような国づくりをめざしたのだろう？

私のめざした国づくりは、
　　　　　　　　　　だ！

【パフォーマンス課題】源頼朝になりきって、弟義経の手紙に返事を書こう！

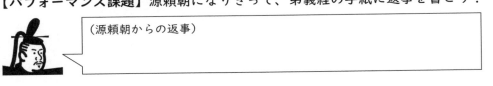

（源頼朝からの返事）

中世日本の生きる道

単元構成のねらい

　本単元は，中世・近世の２番目の単元である。本単元では，元寇や勘合貿易，琉球王国の繁栄など，東アジアの国々との関係が大きく影響する。モンゴル帝国や明とどのような関係を築くべきか，日本という国としての判断を求められた時代である。また，東アジアでの対外関係を一つの柱としながらも，国内の情勢の視点も欠かせない。国内の情勢を踏まえて，当時の政策を評価する学習を行う。

単元の概念構造

〈本質的な問い〉国内の情勢を踏まえて，外国とどのような関係を築くべきだろう？
〈単元の問い〉中世日本の外国との関わりは，正しかったのだろうか？
〈考えさせたい視点〉
・政治の視点…御恩と奉公の関係の行き詰まり，室町幕府の脆弱さ
・外交の視点…モンゴル帝国によるユーラシア大陸の変化，朝貢関係への編入，倭寇の影響
・経済の視点…相続制度の課題による困窮，恩賞の不十分さ，貨幣の広まり，利益を求めた足利義満，琉球王国の中継貿易
・社会の視点…悪党，倭寇の出現と影響，交易の広がり

オーセンティックな学びに近づけるポイント

知識の構築	当時の状況を分析し，中世の歴史上の人物の国内・対外政策の政策決定を評価するために，知識を構築する。
学問に基づく探究	史資料をもとに，元寇，建武の新政，南北朝の動乱，勘合貿易などの時期の時代背景やその特色を理解する。また，多面的な視点から政策決定を考えていく。
学校を超えた価値	歴史上の人物の政策決定を評価し，意見文を書くことで，現代の政策を考える視点を養う。

単元全体の課題設定のねらい

　本単元の課題は，それぞれ国の大きな政策決定に関わった人物の政策が正しかったのかを評価する課題である。当時の状況を分析した上で，歴史を知る現代の立場から評価することで，現代の政策決定の判断に活かしたい。

単元構成

単元全体の課題	北条時宗，後醍醐天皇，足利義満の政策から１つ選び，当時の状況からその政策決定を評価し，意見文を書こう！【オーセンティックB】 `4-1 意思決定`
パフォーマンス課題	**○主発問　・サブ発問（課題）**

❶北条時宗になりきり，竹崎季長に返事をしよう！
【オーセンティックC】
`2-4 例示`
`4-2 課題解決`
	○元寇は，鎌倉幕府にどのような影響を与えたのだろう？ `2-2 結果`
	
	・どうしてモンゴル帝国は，領土を拡大できたのだろう？ `2-1 原因`
	
	・北条時宗になりきって，元からの手紙に返事を書こう！ `2-4 例示`
	
	・竹崎季長は何と言っているか，セリフを考えよう！ `2-4 例示`

❷足利尊氏になりきり，後醍醐天皇に手紙を書こう！
【オーセンティックC】
`2-4 例示`
`4-2 課題解決`
	○当時の武士，社会は，どのような政治を求めていたのだろう？ `2-3 まとめ`
	・どうして悪党は生まれたのだろう？ `2-1 原因`
	・どうして後醍醐天皇は，倒幕することができたのだろう？ `2-1 原因`
	・どうして建武の新政は，失敗したのだろう？ `2-1 原因`

❸足利義満の政策を評価しよう！
【オーセンティックB】
`3-3 価値判断`
`4-4 評価`
	○足利義満の政策は，正しかったのだろうか？ `2-9 評価` `3-3 価値判断` `4-4 評価`
	・どうして倭寇が生まれたのだろう？ `2-1 原因`
	・どうして足利義満は，明との貿易を行ったのだろう？ `2-1 原因` `3-1 価値明確化`
	・どうして次の将軍は，明との貿易をやめたのだろう？ `2-1 原因` `3-1 価値明確化`

❹琉球王国の国王になりきり，日本へのアドバイスをしよう！
【オーセンティックC】
`2-4 例示`
`4-2 課題解決`
	○日本は，琉球王国やアイヌとどのような関係を築いたのだろう？ `2-3 まとめ`
	・どうして琉球王国は独自の文化を築き，繁栄することができたのだろう？ `2-1 原因`
	・どうして日本は，アイヌとの交易を進めたのだろう？ `2-1 原因`

【本単元の参考文献】
河原和之『100万人が受けたい！見方・考え方を鍛える「中学歴史」 大人もハマる授業ネタ』明治図書，2019年
大村大次郎『お金の流れで読む日本の歴史』KADOKAWA，2016年
今谷明他監修『日本の居場所がよくわかる 東アジア地図帳』草思社，2011年
今谷明『室町の王権』中央公論新社，1990年
橋本雄『NHK さかのぼり日本史 外交篇７』NHK 出版，2013年
井沢元彦『逆説の日本史９』小学館，2005年
山内譲『海賊の日本史』講談社，2018年

▶ 単元内の位置付け

　本時は，元寇のときの北条時宗の決断と，それによる日本社会への影響を学習する。まずは，身近なネタや歌から，モンゴル帝国の領土の大きさや特徴を知る。次に，モンゴル帝国からの要求に対する北条時宗の判断を取り上げ，その意図を考える。そして，元寇の影響を学習し，御家人の立場と幕府の立場に立って意見を考えることで，多角的に当時の状況を捉えさせたい。

▶ 指導言でわかる！授業の流れ

(1) クイズ

　①ハンバーガーはどこで生まれた？（※河原実践）　→ドイツのハンブルグ

　②ユッケはどこの料理？　→韓国

　③両方の料理のもとと言われる，生肉を切り刻んだ料理を食べていたのは？

　→モンゴルの人々

(2) クイズ （「ジンギスカン」を，歌詞に注目させて視聴）

　①どんな歌詞だった？　→戦争みたい。　②歌っているのは，どこの人だろう？

　→ドイツの歌手。モンゴルの英雄チンギス＝ハンをモチーフにつくられた。

　③どうして，ドイツでチンギス＝ハンの曲が歌われたのだろう？

　→モンゴル軍がドイツまで攻めてきていたから。

(3) 発問 （モンゴル帝国の最大領土を確認し）

　どうしてモンゴル帝国は，領土を拡大できたのだろう？　　　🖉 2−1 原因

　→最強の騎馬隊による集団戦法，火器を用いたから。

(4) 資料読み取り （帝国書院 p.70 の資料を提示し）そんなモンゴル帝国（元）から，日本に手紙が届いた。元の皇帝フビライ＝ハンは，日本に何を求めた？　→交易

(5) 活動 当時の鎌倉幕府の執権，北条時宗になりきり，この手紙に返事を書こう！　→「わかりました。交易しましょう。」「攻めてこないと約束するなら交易しよう。」　🖉 2−4 例示
実際は，どうしただろう？（4択）A：従った　B：使者を送って交渉した　C：要求拒否の手紙を送った　D：元の使者を切り殺した　→正解はD

(6) 資料読み取り （「蒙古襲来絵詞」を提示し）元が日本に攻めてきた。当時の状況を読み取ろう！　→新兵器や集団戦法に苦しんだ。日本は防塁などを築いて対抗した。防衛戦だったので，御家人は恩賞をもらえなかった。

(7) 活動 竹崎季長は何と言っているか，セリフを考えよう！　　　🖉 2−4 例示

　→「我々御家人は，元に対して懸命に戦いました。それなのに恩賞がないというのは，幕府と御家人の主従関係を裏切ることです。恩賞をいただきたい。」

(8) パフォーマンス課題 北条時宗になりきり，竹崎季長に返事をしよう！

　　　　　　　　　　　　　　　　　🖉 2−4 例示　❗4−2 課題解決

中世日本の生きる道 ①

目標 元寇が鎌倉幕府に与えた影響を説明できる。

【活動1】当時の鎌倉幕府の執権、北条時宗になりきり、
モンゴル帝国からの手紙に返事を書こう！

モンゴル帝国の情報
・領土がとてつもなく広い
・騎馬部隊が強く、各地で連戦連勝
・投げると爆発する武器があるらしい

【活動2】元が日本に攻めてきた。当時の状況を読み取ろう！

（「蒙古襲来絵詞」より）

【活動3】竹崎季長は何と言っているか、セリフを考えよう！

【パフォーマンス課題】北条時宗になりきり、竹崎季長に返事をしよう！

中世社会の変化と領国経営

単元構成のねらい

　本単元は，中世・近世の３番目の単元であり，中世社会の変化を多面的に捉える単元である。

　第１時では，農業技術の発達により生産量が増加し，それでできた余裕によって商品作物が生まれ，さらにそれによって様々な職業が誕生し，それを売買するために市場が開かれ，交通網が発達していったことを捉える。第２時以降では，社会の発達と室町幕府の脆弱性により，自力救済・自治の考えが広まったこと，そして，幕府が統制機能を失い，戦国時代に突入し，戦国大名はそれぞれの領国を豊かにするために，様々な方法で領国経営を行っていたことを学習する。本単元の学習を通して，様々な面の発達が社会の変化を生み，戦国時代や江戸時代につながっていったことに気付かせる。

単元の概念構造

〈本質的な問い〉安定した社会を築くための条件とは何だろう？
〈単元の問い〉室町時代の社会を安定させるには，どのような政策が必要だろう？
〈考えさせたい視点〉
・政治の視点…室町幕府の脆弱さ，地方勢力の発達，自力救済や自治意識の芽生え，領国経営
・社会の視点…米の生産量の向上，商品作物の増加，交通の発達，職業の増加
・経済の視点…商業の発達，豊かさを求める領国の経営
・武士の立場…武力による支配だけでなく，豊かな国づくりが求められた。
・商人の立場…商業が発達し，より商売に有利な場所を求めた。
・農民の立場…自分たちで団結し，ルールを決めたり，要求したりした。

オーセンティックな学びに近づけるポイント

知識の構築	国を立て直す政策プランを考えるために，当時の状況を分析し，自身の考えをまとめ，知識を構築する。
学問に基づく探究	史資料をもとに，中世の社会の変化（産業の発達，自力救済や自治の広がり）とその理由を分析し特色を理解する。また，多面的・多角的に政策プランを検討する。
学校を超えた価値	「安定した社会」について考えることで，現代の政府の役割や政策を評価する視点を養う。

単元全体の課題設定のねらい

　本単元の課題は，大きな改革が求められる状況において，どのような方法で国を立て直すかを提案する課題である。産業・交通の発達，中央権力の衰退による自治の考えの広まりといった社会の変化を理解し，その課題に対する改善策を考えることで，社会を多面的・多角的に考える力を養う。

単元構成

単元全体の課題	あなたが応仁の乱後の室町幕府の将軍なら，どのように国を立て直すか。政策プランを考えよう！【オーセンティックB】 4−3 提案

パフォーマンス課題	○主発問　・サブ発問（課題）
❶どうして産業・交通が発達したかを，将軍に報告しよう！ 【オーセンティックC】 2−1 原因 2−3 まとめ 2−4 例示	○なぜ産業・交通が発達したのだろう？ 2−1 原因 2−3 まとめ ・どうして農業の生産量が高まったのだろう？ 2−1 原因 ・どうして様々な職業が生まれたのだろう？ 2−1 原因 ・どうして交通が発達したのだろう？ 2−1 原因
❷どうして自力救済や自治の考えが広まったのか，将軍に報告しよう！ 【オーセンティックC】 2−1 原因 2−3 まとめ 2−4 例示	○なぜ，自力救済・自治の考えが広まったのだろう？ 　　　　　　　　　　2−1 原因 2−3 まとめ ・どうしてこの時期に多くの一揆が起こったのだろう？ 　　　　　　　　　　2−1 原因 ・どうして惣や寄合ができたのだろう？ 2−1 原因 ・どうして座や町衆ができたのだろう？ 2−1 原因
❸戦国大名の領国経営を考えよう！ 【オーセンティックB】 2−4 例示	○戦国大名は，どのようにして領国を治めたのだろう？ 　　　　　　　　　　2−3 まとめ ・どうして応仁の乱が起きたのだろう？ 2−1 原因 ・応仁の乱の結果，社会はどうなっただろう？ 2−2 結果
❹室町文化を1つ取り上げ，その魅力をアピールしよう！ 【オーセンティックC】 2−4 例示	○室町文化は，どのような特徴があるだろう？ 2−3 まとめ ・北山文化と東山文化には，どのような違いがあるだろう？ 　　　　　　　　　　2−5 比較 ・これまでの文化と室町文化には，どのような違いがあるだろう？ 2−5 比較

【本単元の参考文献】
河原和之『100万人が受けたい「中学歴史」ウソ・ホント？授業』明治図書，2012年
今谷明『戦国期の室町幕府』講談社学術文庫，2006年

▶ 単元内の位置付け

　本時では，戦国大名の領国経営を考える。まずは，戦国時代の戦にまつわるクイズで楽しく学習する。次に，そのきっかけとなった応仁の乱の原因と結果を考え，それによって戦国時代に突入したことを確認する。そして，戦国大名の領国経営のワークを通して，戦国大名には戦うだけでなく，領内を豊かにする必要があったことを捉えさせる。

▶ 指導言でわかる！授業の流れ

(1) クイズ

　①戦国時代の戦は，みんなの遠足と同じで，雨の場合は延期だった。（○×）（※河原実践）

　→○

　②農民も戦に参加させられたが，農作業の忙しい時期は，農村に帰った。（○×）

　→○。農業優先だったため，年中戦ができるわけではなかった。この常識を覆し，常備軍をつくったのが織田信長である。

　③戦で大きな旗を持っている人がいる。どうして？

　（3択）　A：道案内役だから　B：目立ちたいから　C：旗で攻撃するから

　→正解はB。戦での活躍を見てもらい，褒美をもらうために，目立つ必要があった。

　④そもそも，どうしてこんな戦ばかりの戦国時代になったの？（投げかけのみ）

(2) 発問　どうして応仁の乱が起きたのだろう？　　　　　　　　　🖉 2－1 原因

　→将軍の後継ぎ争いに，有力な守護大名が加わり，大きな戦となった。そもそも，室町幕府の脆弱性によって，幕府の政治が守護大名の意見なしには動かないことに原因があった。

(3) 発問　応仁の乱の結果，社会はどうなっただろう？　　　　　　🖉 2－2 結果

(4) 活動　戦国大名は，幕府の支配から離れて，領内を独自に支配するようになった。領内を支配するために，様々な工夫をした。そこで，戦国大名の領国経営を考えよう！

　〈ルール〉戦国大名の領国経営が書かれた4つのカードがある。ワークシート中の5つの領国のどこのことだろう。班で協力して正しい組み合わせを考えよう。また，残りの1つは自分たちならどのように経営するか，考えよう。

　・堤防をつくり，洪水の被害を少なくした。　→A（武田信玄）

　・港を整備し，船での商売を活発にした。港を出入りする人々から税をとった。

　→B（上杉謙信）

　・年貢の負担を軽くした。商業を自由化して，商人から税をとった。　→C（北条氏康）

　・領内を自由に行き来できるようにし，関所を廃止した。自由に商売ができるようにし，座を廃止した。　→D（織田信長）

(5) パフォーマンス課題　戦国大名の領国経営を考えよう！（E）　　🖉 2－4 例示

中世社会の変化と領国経営 ③

目標 応仁の乱による社会の変化を説明できる。

【活動１】どうして応仁の乱が起きたのだろう？

応仁
の乱 ◀━━━

【活動２】応仁の乱の結果、社会はどうなっただろう？

応仁
の乱 ━━▶

【活動３】戦国大名の領国経営を考えよう！

B.【領地の状況】
海の近くで雪が多く降る。
冬は、農業ができない。

A.【領地の状況】
大きな盆地があるが、近くの川の氾濫
が多く、米の生産量が安定しない。
そのため、年貢の収入も安定しない。

C.【領地の状況】
土地がやせていて、農業の生産量が安
定しない。

E.【領地の状況】
領地の大部分が山地である。
平野が少なく、米の生産量が少ない。

D.【領地の状況】
寺社が通行税や営業税をとるため、商
人が自由に商業をすることができない。

【パフォーマンス課題】戦国大名の領国経営を考えよう！　　　　　　（　　　　　　）の領地

61

結びつきがもたらした社会の変化

単元構成のねらい

　本単元は，中世・近世の４番目の単元である。本単元では，日本に大きな影響を与えた世界の歴史を学習する。ポイントは３つである。まず，十字軍の遠征により，キリスト教圏とイスラム教圏が交わり，学問や文化の変化（ルネサンス）と，宗教の変化（宗教改革）につながった。次に，新航路の開拓により，新大陸が発見され，世界がつながり，プランテーションなどによる利益を求めた奴隷貿易や植民地での搾取が行われた。そして，その流れを受けて，日本にヨーロッパ人が来航する。それぞれの出来事の因果関係と，それによる社会の変化を中心に学習し，日本の歴史のより多面的で深い学習につなげていく。

単元の概念構造

〈**本質的な問い**〉他地域との結びつきは，社会にどのような影響を与えるのだろう？

〈**単元の問い**〉日本の中世期，世界はどのように変化し，日本にどのような影響を与えたのだろう？

〈**考えさせたい視点**〉

・政治の視点…十字軍の遠征による文化の交流と発展，宗教改革の影響を受けた大航海時代の始まり，奴隷政策による植民地からの搾取

・外交の視点…キリストとイスラムの対立と文化の融合，奴隷貿易，南蛮貿易

・経済の視点…交易のメリット（イタリア商人，イスラム商人，奴隷貿易，南蛮貿易）

・社会の視点…キリスト教の変化，交易範囲の広がり

オーセンティックな学びに近づけるポイント

知識の構築	社会の変化への対応を提案するために，当時の国内・国外の状況を分析し，自身の考えをまとめ，知識を構築する。
学問に基づく探究	史資料をもとに，ヨーロッパの変化と世界への影響，そして日本への影響を理解する。また，多面的に対策案を検討する。
学校を超えた価値	本単元の位置付けは，現代社会からは遠く，以後の単元につながる視点を養うことが目的である。社会の大きな変化への対策という視点では，現代につながる。また，黒人差別の問題を取り上げることで，現代社会の課題について考える。

単元全体の課題設定のねらい

　本単元の課題は，日本人の立場で，世界で起こる出来事を分析し，その内容を伝えること，そして，どのような課題が出てくるのかを考え，その対策を提案するというものである。世界で起こった出来事が，どのように日本に影響するかを理解するための課題である。

単元構成

単元全体の課題	日本の戦国大名の家来として，世界の様子を伝え，対策案を提案しよう！ 【オーセンティックB】 4－3 提案
パフォーマンス課題	○主発問　・サブ発問（課題）
❶宗教改革の結果，キリスト教はどのように変化したか。次の語句を用いて説明しよう！（カトリック，プロテスタント，イエズス会）【オーセンティックC】 2－2 結果 2－3 まとめ	○イスラムとの交流によって，ヨーロッパはどのように変化したのだろう？ 2－2 結果 2－3 まとめ ・十字軍の遠征の結果，ヨーロッパはどのように変化したのだろう？ 2－2 結果 ・どうしてルネサンスは起こったのだろう？ 2－1 原因 ・どうして宗教改革は起こったのだろう？ 2－1 原因
❷新航路の開拓によって，どのような変化が起こっただろう？多面的に説明しよう！【オーセンティックC】 2－2 結果 2－3 まとめ	○新航路開拓によって，社会はどのように変化したのだろう？ 2－2 結果 2－3 まとめ ・どうして，ヨーロッパの人々は，海からアジアをめざしたのだろう？ 2－1 原因 ・マゼランは英雄だろうか？　それとも侵略者だろうか？ 3－3 価値判断 4－4 評価
❸黒人差別の問題に対して，私たちにできることは何だろう？【オーセンティックA】 4－2 課題解決	○どうして黒人差別はなくならないのだろう？ 2－1 原因 2－7 多面的 ・現代の黒人差別の事例を確認しよう！ ・どうして黒人差別は生まれたのだろう？ 2－1 原因 ・奴隷解放宣言で，差別はなくなっただろうか？ ・公民権運動，人種差別撤廃条約で，差別はなくなっただろうか？
❹大名たちは，どうしてキリシタン大名になったのだろう？　利益の面から考えてみよう！【オーセンティックC】 2－1 原因 2－7 多面的	○ヨーロッパの人々の海外進出によって，日本はどのような影響を受けたのだろう？ 2－2 結果 2－3 まとめ ・ザビエルは，どうして日本に来たのだろう？ 2－1 原因 ・ザビエルは，どうやって日本に来たのだろう？ 2－1 原因 ・ヨーロッパの人々が日本に来たことによって，どのような変化があったのだろう？ 2－2 結果

【本単元の参考文献】
田中龍彦『討論する歴史の授業2』地歴社，2014年
大村大次郎『お金の流れで読む日本の歴史』KADOKAWA，2016年
村井章介『NHKさかのぼり日本史　外交篇6』NHK出版，2013年

結びつきがもたらした社会の変化 ❹

▶ 単元内の位置付け

　本時では，前時までの世界での出来事を受けて，ヨーロッパの人々が日本に与えた影響を学習する。まずは，既習のザビエルや鉄砲にまつわるエピソードから学習意欲を喚起する。次に，ザビエルが日本に来た理由を考えることで，宗教改革の流れを復習する。そして，鉄砲やキリスト教の伝来によって，戦国大名の戦略に変化が出てくることを学習し，次の単元につなげる。パフォーマンス課題では，キリシタン大名になる経済的なメリットを考えさせ，キリスト教と商業のつながり，そして戦国大名の戦略が大きく関わることを捉えさせる。

▶ 指導言でわかる！授業の流れ

(1) クイズ ①（絵を提示し）この人は誰？　→フランシスコ＝ザビエル

　今日は，この人がなぜ日本に来たのか，どうやって日本に来たのかを学習します。

　②ザビエルが日本に来る6年前，1543年，種子島に巨大な船が現れた。顔かたちは見たことがなく，言葉も通じない。船から出てきた商人は，手に何をもっていた？　→鉄砲

　③種子島の領主，種子島時堯は，とても高かったが，鉄砲2丁を購入した。このころの鉄砲は，1丁いくら？　→約2億円（諸説あり）

　④日本人が鉄砲を自分たちでつくることに成功したのは，それから何年後？

　→1～2年後。5年後には，大量生産に成功している。

　⑤ところで，この船はどうして日本に来たのだろう？

　（3択）A：漂流していてたどりついた。B：中国に行こうとしてたまたま着いた。C：日本に売りに来た。　→C。当時の倭寇のリーダー格であった王直が日本に連れてきた。つまり，偶然ではなかった。

(2) 発問 1549年，いよいよザビエルが日本に来ます。ザビエルは，どうして日本に来たのだろう？　　　　　　　　　　　　　　　　　　　　　　　　✎2-1 原因

　→宗教改革によって，プロテスタントとカトリックに分かれた。カトリックは，信者を増やすために，イエズス会を中心に海外へ布教活動を行った。ザビエルは，イエズス会の人である。

(3) 発問 ザビエルは，どうやって日本に来たのだろう？　　　　　　✎2-1 原因

　→キリスト教を布教するために，スペインが援助した。商人も一緒にやってきた。

(4) 発問 ヨーロッパの人々が日本に来たことによって，どのような変化があったのだろう？

　・鉄砲によって，戦の方法が変化した。　　　　　　　　　　　　✎2-2 結果

　・鉄砲の弾薬の原料を確保する争いが起きた。キリスト教が広まった。

(5) クイズ （寺を教会にしている絵を示し）これは何？

　→寺を教会にしている。大名の中でも，キリシタンになるキリシタン大名が現れた。

(6) パフォーマンス課題 大名たちは，どうしてキリシタン大名になったのだろう？　利益の面から考えてみよう！　　　　　　　　　　　　✎2-1 原因　✎2-7 多面的

結びつきがもたらした社会の変化 ④

目標 ヨーロッパとの交流が日本に与えた影響を説明できる。

鉄砲玉の原料

原料		産地	入手方法
鉛玉		日本産	鉱山から採掘
火薬	硝石	中国・インド産	南蛮貿易により入手
	硫黄	日本産	輸出するほど豊富
	木炭	日本産	豊富

資料：資料集（浜島書店）pp.86-87より

> 資料集の図を貼ってコピーください

【活動１】ザビエルは、どうして日本に来たのだろう？

> 私が日本に来たのは、
>
> からだ！

【活動２】ザビエルは、どうやって日本に来たのだろう？

> 私が日本に来れたのは、
>
> からだ！

【活動３】ヨーロッパの人々が日本に来たことによって、どのような変化があったのだろう？

ヨーロッパ人の来航 ➡

【パフォーマンス課題】大名たちは、どうしてキリシタン大名になったのだろう？
　　　　　　　　　　利益の面から考えてみよう！

信長・秀吉への通知票

単元構成のねらい

　本単元は，中世・近世の５番目の単元である。歴史的な位置付けとしては，中世から近世へと社会が大きく変化する時代である。また，戦乱の世の中から全国統一が成し遂げられ，身分制にもとづく社会へと変化していく時代でもある。

　本単元では，織田信長と豊臣秀吉の政策を読み解いていく学習を通して，中世の社会構造を解体し，新たな経済体制，支配体制を確立していったことに気付かせる。

単元の概念構造

〈本質的な問い〉安定した社会を築くための条件とは何だろう？

〈単元の問い〉織豊政権は，中世社会をどのように変革し，どのような国づくりをめざしたのだろう？

〈考えさせたい視点〉

・政治の視点…織田信長と豊臣秀吉の政策，兵農分離による身分制度の構築

・軍事の視点…常備軍の編成，鉄砲による戦の変化

・経済の視点…商業活性化政策と既得権益との争い

・武士の立場…兵農分離によって，武士の仕事に専念できる。

・商人の立場…商業活性化によって，利益を得られる。

・農民の立場…兵農分離によって，土地を守ってもらえる。

オーセンティックな学びに近づけるポイント

知識の構築	織田信長と豊臣秀吉のどちらが天下統一に貢献したかを考えることで，当時の状況を分析し，自身の考えをまとめ，知識を構築する。
学問に基づく探究	史資料をもとに，織田信長と豊臣秀吉の政策による，中世から近世への社会の変化を理解する。また，政治・軍事・経済などの多面的な視点から考察する。
学校を超えた価値	「安定した社会を築くための条件」を，織田信長と豊臣秀吉の政策から考えることで，現代の政府の役割や政策を評価する視点を養う。

単元全体の課題設定のねらい

　本単元の課題は，どちらが天下統一に貢献したかという課題であるが，どちらかを選ぶことが目的ではない。それぞれの政策を多面的に考察し，どのような意義があったのかを理解するための課題である。社会の状況とそれに対する政策を評価することで，現代の政策を評価する視点を養いたい。

単元構成

単元全体の課題	織田信長と豊臣秀吉，どちらが天下統一に貢献したか。多面的に考えて説明しよう！ 【オーセンティックB】　2-7 多面的　4-1 意思決定
パフォーマンス課題	○主発問　・サブ発問（課題）
❶織田信長にインタビューしよう！「強さの秘訣は何ですか？」 【オーセンティックC】 2-3 まとめ 4-2 課題解決	○織田信長は，どうして勢力を拡大できたのだろう？ 　2-1 原因　2-3 まとめ ・どうしてたくさんの鉄砲を使うことができたのだろう？ 　2-1 原因 ・どうして比叡山延暦寺を焼き打ちしたのだろう？　2-1 原因 ・室町時代の社会と，織田信長のめざした社会の違いを説明しよう！ 　2-5 比較
❷豊臣秀吉にインタビューしよう！「どんな国づくりをめざしたのですか？」 【オーセンティックC】 2-3 まとめ 4-2 課題解決	○豊臣秀吉は，どのような国づくりをめざしたのだろう？ 　2-3 まとめ ・太閤検地で，検地帳に書かれるのは損？得？ ・どうして刀狩で，鉄砲を回収しなかったのだろう？　2-1 原因 ・どうしてバテレン追放令を出したのだろう？　2-1 原因 ・どうして唐入り（朝鮮への出兵）を行ったのだろう？　2-1 原因
❸室町文化と，南蛮文化・安土桃山文化の特徴と違いをまとめよう！ 【オーセンティックC】 2-3 まとめ　2-5 比較	○室町文化と，南蛮文化・安土桃山文化の特徴と違いをまとめよう！　2-3 まとめ　2-5 比較 ・金平糖は，どこから，どうやって日本に来たのだろう？ ・南蛮文化の特徴をまとめよう！　2-3 まとめ ・安土桃山文化の特徴をまとめよう！　2-3 まとめ
❹織田信長と豊臣秀吉の政策に通知票をつけよう！（多面的：経済，政治，軍事，その他） 【オーセンティックB】 2-7 多面的 3-3 価値判断　4-4 評価	○織田信長と豊臣秀吉，どちらが天下統一に貢献しただろう？ 　3-3 価値判断　4-1 意思決定 ・織田信長の政策を観点ごとに評価しよう！ 　2-9 評価　3-1 価値明確化　4-4 評価 ・豊臣秀吉の政策を観点ごとに評価しよう！ 　2-9 評価　3-1 価値明確化　4-4 評価

【本単元の参考文献】
河原和之『100万人が受けたい「中学歴史」ウソ・ホント？授業』明治図書，2012年
井沢元彦『逆説の日本史10』小学館，2006年
大村大次郎『信長の経済戦略』秀和システム，2019年
上念司『経済で読み解く織田信長』KKベストセラーズ，2017年
谷口克広『信長の政略』Gakken，2013年
井沢元彦『逆説の日本史11』小学館，2007年
上念司『経済で読み解く豊臣秀吉』KKベストセラーズ，2018年

▶ 単元内の位置付け

　本時は，織田信長の政策を中心に学習する。織田信長は，武力の強さや残虐さの印象が強い学習者が多い。そこで，「なぜ強かったのか」「なぜ比叡山延暦寺を焼き打ちしたのか」を問うことで，織田信長の政策の本質に迫る。織田信長の強さの背景には経済力があり，経済を活性化することで領内を発展させ，常備軍というプロの軍隊を持つことができた。また，比叡山延暦寺の焼き打ちも，織田信長のめざした経済活性化の妨げになるからである。これらをもとに，織田信長のめざした国づくりを考えていく。

▶ 指導言でわかる！授業の流れ

(1) 活動 織田信長について，知っていることを書き出そう！

　　→鉄砲をたくさん使った。寺に攻め込んだ。強い。こわい。

(2) 資料読み取り 「長篠合戦図屏風」から，織田信長の強さの秘密を探そう！

　　→鉄砲をたくさん使っている。騎馬隊の侵入を防ぐ柵を使っている。

(3) クイズ 鉄砲は１ついくら？

　　→日本に最初に入ってきたときには，１丁約２億円と言われた（諸説あり）。

(4) 発問 織田信長は，鉄砲をたくさん用いている。どうしてこんなに鉄砲を使うことができたのだろう？　→お金をたくさんもっていた。　🖉 2－1 原因

(5) 発問 織田信長は，どうしてこんなに経済力があったのだろう？　🖉 2－1 原因

　　→織田家の領地は，もともと港があり，財力があった。楽市楽座，関所の廃止などの政策で，経済を活性化させ，富を蓄えた。

(6) 発問 織田信長は，どうして比叡山延暦寺を焼き打ちしたのだろう？　🖉 2－1 原因

　　→寺社勢力の財源は，関所などの既得権益であり，経済の活性化を妨げていたから。

(7) 発問 「でも，お寺を焼き打ちするのは，さすがにやりすぎじゃないの？」この意見に対して，信長の立場で反論しよう！　🖉 2－8 多角的

　　→それ以前に，仏教勢力同士も，焼き打ちを繰り返していた。

(8) 活動 室町時代の社会と，織田信長のめざした社会の違いを説明しよう！　🖉 2－5 比較

　　室地時代の社会：関所などのように，貴族や仏教勢力が規制をかけて税を取ることが多い。

　　織田信長のめざした社会：楽市楽座に代表されるように，自由な商業により経済を活性化しようとした。

(9) パフォーマンス課題 織田信長にインタビューしよう！「強さの秘訣は何ですか？」

　　🖉 2－3 まとめ　❗4－2 課題解決

信長・秀吉への通知票 ①

目標 織田信長の政策の特徴を説明できる。

「長篠合戦図屏風」を貼ってコピーください

【活動１】「長篠合戦図屏風」から、織田信長の強さの秘密を探そう！

私の強さの秘密は、

だ！

【活動２】織田信長は、どうしてこんなに経済力があったのだろう？

私に経済力があったのは、

からだ！

【活動３】織田信長は、どうして比叡山延暦寺を焼き打ちしたのだろう？

私が比叡山延暦寺を焼き打ちしたのは、

からだ！

【活動４】室町時代の社会と、織田信長のめざした社会の違いを説明しよう！

室町時代の社会	織田信長のめざした社会

【パフォーマンス課題】織田信長にインタビューしよう！「強さの秘訣は何ですか？」

私の強さの秘密は、
軍事の面では、

経済の面では、

それ以外では、

江戸幕府の長持ちのヒケツ

単元構成のねらい

　江戸時代は，戦乱の世が終わり，260年以上もの間，1つの政権が続くという，世界的にも珍しい一定の「平和」が保たれた時代である。江戸幕府は，様々な面で長期政権をつくるための政策を行っている。また，幕府の政策だけでなく，他の面にも江戸時代が長く続いた要因があると考えられる。乱世からの変化と，平和を維持するためのしくみについて，多面的・多角的に考察することで，「平和な社会の条件」という，現代社会につながる考えに迫りたい。

単元の概念構造

> 〈本質的な問い〉平和な社会の条件とは何だろう？
> 〈単元の問い〉江戸時代は，どうして安定した政権・社会が続いたのだろう？
> 〈考えさせたい視点〉
> ・政治の視点…幕藩体制による支配，身分制度，鎖国と呼ばれる貿易統制，米による税制
> ・社会の視点…平和の確立，身分制度の確立，農業技術の発達，商品作物の増加
> ・外交の視点…鎖国と呼ばれる江戸幕府による貿易統制
> ・経済の視点…流通システムの確立，貨幣経済の浸透，庶民の経済力の向上

オーセンティックな学びに近づけるポイント

知識の構築	江戸幕府が続いた理由を考えることで，当時の状況を分析し，自身の考えをまとめ，知識を構築する。
学問に基づく探究	史資料をもとに，江戸幕府が続いた理由を，政治・社会・外交・経済などの視点から多面的に考察する。
学校を超えた価値	「平和な社会の条件」を考えることで，現代の政府の役割や政策を評価する視点を養う。

単元全体の課題設定のねらい

　どうして江戸幕府が長く続いたのかを，多面的に考える課題である。支配体制や鎖国体制のみに焦点を当てるのでなく，交通（流通）網の発達や産業の発展，平和な社会における文化の開花など，経済や社会の視点から考えることで，「平和な社会の条件とは何か」という単元全体の問いを考えさせたい。

単元構成

単元全体の課題	どうして江戸幕府は260年以上も続いたのか。理由を多面的に考えて説明しよう！ 【オーセンティックB】 4−2 課題解決
パフォーマンス課題	○主発問 ・サブ発問（課題）
❶徳川家康から天国の豊臣秀頼に手紙を書こう！ 【オーセンティックC】 2−4 例示	○徳川は，どうやって安定した政権を築いたのだろう？ 2−1 原因 2−3 まとめ ・関ヶ原の戦いとは，どのような戦いだったのだろう？（何と何の争いだったのだろうか） ・大坂の陣とは，どのような戦いだったのだろう？（どのような人々が豊臣方についたのだろうか） ・どうして徳川家康は，豊臣氏を滅ぼしたのだろう？ 2−1 原因
❷（初代から３代までの）徳川幕府の政策に通知票をつけよう！ 【オーセンティックB】 3−3 価値判断 4−4 評価	○幕藩体制は，社会にどのような影響を与えたのだろう？ 2−2 結果 ・幕府は，大名をどのように配置したのだろう？ 2−1 原因 ・幕府は，どうして武家諸法度を出したのだろう？ 2−1 原因 ・幕府は，どうして参勤交代を課したのだろう？ 2−1 原因
❸徳川家光になりきって，対外政策の変更を国民に説明しよう！ 【オーセンティックC】 2−4 例示	○対外政策は，どのように変化していったのだろう？ 2−3 まとめ 2−5 比較 ・江戸時代のはじめは，外国とどのように関わっていたのだろう？ ・幕府は，どうしてキリスト教への対応を変えたのだろう？ 2−1 原因
❹江戸幕府の鎖国政策に賛成？反対？ 【オーセンティックB】 3−3 価値判断 4−1 意思決定	○鎖国体制は，社会にどのような影響を与えたのだろう？ 2−2 結果 ・どうして鎖国をしたのだろう？ 2−1 原因 ・鎖国によるメリット・デメリットをまとめよう！ 2−6 分類 2−7 多面的
❺琉球の人々，アイヌの人々からの幕府への要望書を書こう！ 【オーセンティックC】 2−4 例示	○幕府は，周辺の国や地域とどのような関係を築いたのだろう？ 2−3 まとめ ・琉球王国と薩摩藩は，どのような関係だったのだろう？ ・アイヌの人々と松前藩は，どのような関係だったのだろう？
❻身分制度によるメリット・デメリットを書こう！ 【オーセンティックC】 2−6 分類 2−7 多面的	○身分制度による支配は，社会にどのような影響を与えたのだろう？ 2−2 結果 ・幕府は，どのような身分制度をつくったのだろう？ ・農民には，どのような決まりがあったのだろう？
❼江戸時代に産業が発達した理由を，多面的に考えて書こう！ 【オーセンティックC】 2−1 原因 2−7 多面的	○産業の発展は，社会にどのような影響を与えたのだろう？ 2−2 結果 ・どうして昆布はとれるところと消費するところが違うのだろう？ 2−1 原因 ・どうして商品作物（特産物）の栽培が盛んになったのだろう？ 2−1 原因
❽社会の発展に貢献したNo.1商人を選ぼう！ 【オーセンティックB】 3−3 価値判断 4−1 意思決定	○交通網の発達は，社会にどのような影響を与えたのだろう？ 2−2 結果 ・どうして豪商は生まれたのだろう？ 2−1 原因 2−7 多面的
❾徳川綱吉の政策に通知票をつけよう！ 【オーセンティックB】 3−3 価値判断 4−4 評価	○徳川綱吉は，どのような社会をめざしたのだろう？ 2−3 まとめ ・徳川綱吉前後の社会の変化を読み取ろう！ 2−5 比較 ・徳川綱吉は，どうして生類憐みの令を出したのだろう？ 2−1 原因
❿元禄文化を瓦版で紹介しよう！ 【オーセンティックC】 2−3 まとめ	○社会の変化は，文化にどのような影響を与えたのだろう？ 2−2 結果 ・元禄文化が上方で栄えた理由を，交通・産業・町人に着目して説明しよう！ 2−1 原因 2−7 多面的 ・文化の担い手や受け手は，どのように変化したのだろう？ 2−5 比較

【本単元の参考文献】

村井章介『NHK さかのぼり日本史　外交篇６』NHK 出版，2013年

河原和之『続・100万人が受けたい「中学歴史」ウソ・ホント？授業』明治図書，2017年

深井雅海『日本近世の歴史３　綱吉と吉宗』吉川弘文館，2012年

▶ 単元内の位置付け

　本時では，淀屋常安という商人を切り口に，江戸時代の社会を多面的に捉える学習を行う。戦国時代からの交通網の整備によって，人・モノが動く基盤が整えられ，平和な世の中になることで，人々の生活に余裕が生まれ，たくさんの商品作物が生産された。そして，それらが大都市で消費されるシステムが構築された。そのシステムをつくり，社会を発展させたのが，商人たちであった。

▶ 指導言でわかる！授業の流れ

(1) クイズ ①この写真の場所はどこ？　→淀屋橋

　　②どんな人がつくったのだろう？　→淀屋常安（商人）

(2) 発問 淀屋常安とは，どのような人物だったのだろう？（投げかけのみ）

(3) クイズ ①5代目の淀屋辰五郎，お金がありすぎて，どう使った？

　→家をガラス張りにして，天井に金魚を泳がせた。

　②淀屋は，この後どうなった？　→質素倹約に違反するとして，幕府に取り潰された。

(4) 説明 淀屋常安の動画を見て，経済力と材木商で力をつけたことを確認する。

(5) クイズ ①どうして，淀川の中洲がほしかったのだろう？

　→そこに米の取引所をつくろうとした。

　②中之島に米の取引所をつくると，どうなっただろう？

　→当時の輸送手段は船だったので，淀川という流通の要所に取引所をつくったことで，多くの大名がそこに蔵屋敷を建てた。また，米以外の物品も集まるようになり，大阪が「天下の台所」と呼ばれるようになった。

(6) 活動 他にも，江戸時代に活躍した商人がいる。それぞれどのようなことをしたのか，資料を参考にまとめよう！

(7) 発問 どうして豪商は生まれたのだろう？　多面的に考えよう！

✎ 2−1 原因　✎ 2−7 多面的

　産業：農業技術が進歩し，米以外のものをつくる余裕が生まれた。そこで，もうかる商品作物が多くつくられるようになり，商業が活性化された。

　交通（流通）：全国を結ぶ交通網が整備され，日本全国のモノが市場で売買されるようになり，大きな利益を上げる者が現れた。

　社会：平和になり，余暇を楽しむ余裕ができた。都市に人が集まり，モノの需要が増えた。大都市に必要なモノを売るともうかり，商人が力をつけていった。

(8) パフォーマンス課題 社会の発展に貢献したNo.1商人を選ぼう！

❓ 3−3 価値判断　❗ 4−1 意思決定

江戸幕府の長持ちのヒケツ ⑧

目標 交通網の整備による社会の変化を説明できる。

【活動１】江戸時代に活躍した商人のしたことをまとめよう！

人物名	河村瑞賢	三井高利	高田屋嘉兵衛
何をした？			
社会が どうなった？			

【活動２】どうして豪商は生まれたのだろう？　多面的に考えよう！

豪商が 生まれた	産業	
	交通 （流通）	
	社会	

【パフォーマンス課題】社会の発展に貢献した No.1 商人を選び、理由を説明しよう！

（人物名）	（理由）

幕政改革への通知票

単元構成のねらい

　本単元は，中世・近世の７番目の単元である。本単元では，近世社会における政府の役割を大きなテーマとする。自分の身は自分で守る社会から，身分制による分業が確立した社会において，政府にどのような役割が求められたのかを考える。

　また，人口増加がストップし，金の産出もストップし，経済が停滞したこの時代の政府の政策は，大きく２つに分類できる。経済優先政策と，社会保障優先政策である。小さな政府と大きな政府と言い換えることもできる。この時代の政策を比較・検討することで，政府の役割とは何かを考える。

単元の概念構造

〈本質的な問い〉政府の役割は，どのようなものだろう？

〈単元の問い〉近世社会における政府の役割は，どのようなものだろう？

〈考えさせたい視点〉

・政治の視点…市民の安全・命を守る，社会保障の役割

・経済の視点…経済停滞期の財政（歳入と歳出，そのバランス），経済政策（倹約と景気刺激），大きな政府と小さな政府　　　　・福祉の視点…貧困対策，災害対策

・社会の視点…貨幣経済の浸透，平和な社会　　　・幕府の立場…財政再建，社会の安定

・武士の立場…年貢による収入減で苦しむ　　　・商人の立場…貨幣経済の浸透で潤う

オーセンティックな学びに近づけるポイント

知識の構築	対照的な政策を比較することを通して，それぞれの政策の優先する価値を明確にし，選択・判断するために知識を構築する。
学問に基づく探究	史資料をもとに，江戸時代の社会状況と，経済優先・社会保障優先のそれぞれの政策を理解し，多面的・多角的に考察する。
学校を超えた価値	「政府の役割」について考えることで，現代の政府の役割や政策を評価する視点を養う。

単元全体の課題設定のねらい

　近世社会の政府の役割を考えさせるために，幕政改革を多面的・多角的に評価する課題を設

定している。多面的には，経済の面と福祉の面を中心に，当時の状況を考慮しながら評価する。多角的には幕府・武士・商人・庶民の立場で，当時の人々の立場に立って評価する。

　「一番優れているもの」を選ぶ課題とした意図は，次の2点である。まず，歴史の原因と結果を理解した上で，現代の視点で歴史を評価させるためである。そして，やや漠然とした課題にすることで，多面的・多角的に評価したもののうち，どれを重視するかの判断を学習者に委ね，議論を起こすためである。当然，どれが一番優れているかを決定することが目的ではなく，その課題を考え，その考えをその後の歴史や現代に応用することが目的である。

単元構成

単元全体の課題	江戸幕府の改革で，一番優れたものはどれか？【オーセンティックB】 `4-1 意思決定`
パフォーマンス課題	○主発問　・サブ発問（課題）
❶目安箱に投稿された徳川吉宗の政策への批判に賛成？反対？吉宗の立場で返事を書こう！【オーセンティックC】 `3-3 価値判断` `4-1 意思決定`	○徳川吉宗の政策は正しかったのか？ `3-3 価値判断` `4-4 評価` ・徳川吉宗の政策前，社会はどのような状況だったのだろう？ ・徳川吉宗は，どのような政策を行ったのだろう？ `2-3 まとめ` ・徳川吉宗の政策の結果，社会はどのように変化したのだろう？ `2-2 結果`
❷徳川吉宗の政策と徳川宗春の政策，どちらの政策を評価する？ 　視点：経済・福祉・その他 　立場：幕府・武士・商人・庶民 【オーセンティックB】 `2-5 比較` `3-3 価値判断` `4-4 評価`	○徳川宗春の政策は正しかったのか？ `3-3 価値判断` `4-4 評価` ・名古屋はどうして大都市に発展したのだろう？ ・徳川吉宗の政策と徳川宗春の政策を比較しよう！ `2-5 比較` ・徳川吉宗の政策と徳川宗春の政策を多面的・多角的に評価しよう！ `2-7 多面的` `2-8 多角的`
❸田沼意次の政策に通知票をつけよう！ 　視点：経済・福祉・その他 　立場：幕府・武士・商人・庶民 【オーセンティックB】 `3-3 価値判断` `4-4 評価`	○田沼意次の政策は正しかったのか？ `3-3 価値判断` `4-4 評価` ・田沼意次の政策前，社会はどのような状況だったのだろう？ ・田沼意次は，どのような政策を行ったのだろう？ `2-3 まとめ` ・田沼意次の政策の結果，社会はどのように変化したのだろう？ `2-2 結果`
❹松平定信の政策に通知票をつけよう！ 　視点：経済・福祉・その他 　立場：幕府・武士・商人・庶民 【オーセンティックB】 `3-3 価値判断` `4-4 評価`	○松平定信の政策は正しかったのか？ `3-3 価値判断` `4-4 評価` ・どうして東北は飢饉なのに，江戸はそうでないのだろう？ `2-1 原因` ・松平定信は，どのような政策を行ったのだろう？ `2-3 まとめ` ・松平定信の政策の結果，社会はどのように変化したのだろう？ `2-2 結果`
❺元禄文化から化政文化への変化を，瓦版で紹介しよう！ 【オーセンティックC】 `2-3 まとめ` `2-5 比較`	○社会の変化は，文化にどのような変化をもたらすのだろうか？ `2-2 結果` ・化政文化には，どのような特徴があるだろう？ `2-3 まとめ` ・どうして文化の中心が上方から江戸に変わったのだろう？ `2-1 原因` ・どうして庶民が文化を楽しめるようになったのだろう？ `2-1 原因`

【本単元の参考文献】
井沢元彦『逆説の日本史15』小学館，2012年
大石学編著『規制緩和に挑んだ「名君」　徳川宗春の生涯』小学館，1996年
河原和之『100万人が受けたい！見方・考え方を鍛える「中学歴史」　大人もハマる授業ネタ』明治図書，2019年

▶ 単元内の位置付け

　本時は，徳川吉宗の「享保の改革」を中心に学習する。人口増加がストップ，金の産出もストップし，経済が停滞する不況期に，質素検約・農業重視・福祉重視の政策が行われたことを捉えさせる。また，「享保の改革」を，多面的・多角的に評価する。そして，「享保の改革」への批判文から，政策の是非を考えさせることで，次時以降の改革との比較・評価につなげたい。

▶ 指導言でわかる！授業の流れ

(1)動画「暴れん坊将軍オープニング」 →今も時代劇などで人気の徳川吉宗

　　「どうして今も人気なのだろう？」 →（予想で答える）「かっこいいから」「正義の味方」

　　※さらなる刺激を求める場合は，「マツケンサンバ」を取りいれてもよい。

(2) 資料読み取り 徳川吉宗の政策前の社会の状況を読み取ろう！

　　→（説明）人口増加が止まり，金の産出量も激減し，不景気の時代だった。

(3) クイズ ①徳川吉宗は，農業を重視したことから「○将軍」と呼ばれた。 →米

　　②次の中で，徳川吉宗がしたことはどれ？

　　（3択） A：タダの病院をつくった B：庶民の意見をきいた C：東京に桜並木をつくった

　　→すべて正解

　　③徳川吉宗が普及させた農作物は？ →さつまいも。飢饉対策として，普及させた。

　　④当時，幕府にお金がなく，経費削減を行った。どんなことをした？

　　→大奥の大リストラ

(4) 資料読み取り

　　徳川吉宗は，どのような政策を行ったのだろう？ 教科書をもとにまとめよう！

　　→（説明）農業重視，社会保障の充実，質素検約の政策を行った。　　　　　　🖉 2−3 まとめ

(5) 活動 徳川吉宗の政策を，観点ごとにまとめよう！（経済・福祉・その他）

　　　　　　　　　　　　　　　　　　　　　　　　　　　　　　　🖉 2−7 多面的

(6) 資料読み取り 目安箱に投稿された手紙です。徳川吉宗の政策の何を批判している？

　　　　　　　　　　　　　　　　　　　　　　　　　❓ 3−1 価値明確化

　　→質素検約をすると，経済が活性化せず，庶民が苦しむと訴えている。

(7) パフォーマンス課題

　　目安箱に投稿された徳川吉宗の政策への批判に賛成？反対？ 吉宗の立場で返事を書こう！

　　　　　　　　　　　　　　　　　　　❓ 3−3 価値判断 ❗ 4−1 意思決定

幕政改革への通知票 ①

目標 徳川吉宗の政策の特徴を説明できる。

【活動１】徳川吉宗の政策をまとめよう！

政策名	内容

【活動２】徳川吉宗の政策を、観点ごとにまとめよう！

観点	政策
経済	
福祉	
その他	

【活動３】徳川吉宗の政策への批判。意見の内容をまとめよう！

> 天下を治める人が、金銀を集めることに精を出し、金銀が将軍のもとに集まったならば、天下の万民は皆困窮してしまう。（中略）贅沢品や無益の物を買うのは、裕福な者であり、困窮者ではない。裕福な者が贅沢品を買うから金銀が社会に出回るのであり、これを禁止すれば、職人や商人はなにをつくっても売れなくなり、金は裕福な者のところに溜まるばかりである。金持ちから金銀を社会に流通させ、経済を活性化させるべきである。
> （大石学編著『規制緩和に挑んだ「名君」 徳川宗春の生涯』をもとに、筆者作成）

【パフォーマンス課題】目安箱に投稿された徳川吉宗の政策への批判に賛成？反対？吉宗の立場で返事を書こう！

幕政改革への通知票 ❷

▶ 単元内の位置付け

　本時では，前時で学習した徳川吉宗と同時代に尾張藩主となり，大都市に発展させた徳川宗春を取り上げる。徳川吉宗の質素倹約・農業重視の政策を批判し，商業を重視した政策を行った。2つの政策を比較し，多面的・多角的に考察することで，それぞれの政策の違いを明確にし，次の田沼意次の政策や松平定信の政策の検討につなげたい。

▶ 指導言でわかる！授業の流れ

(1) クイズ

　①京都の金閣と名古屋の金のシャチホコ，どちらの方が金を使っている？

　→金のシャチホコ

　②次のうち名古屋発祥の店はどれ？（3択）A：コメダ珈琲店　B：CoCo壱番屋　C：木曽路

　→正解はすべて

　③東海道五十三次と現在の東海道新幹線の駅名を提示し，「名古屋を探そう！」　→東海道五十三次には名古屋がない。　→どうして名古屋がないのだろう？　→名古屋は，昔は小さな田舎町だった。

(2) 発問 名古屋はどうして大都市に発展したのだろう？

　→（予想）大坂と江戸の間にあり，人が多く通ったから。すごいリーダーが現れたから。

(3) 説明 徳川宗春の説明

(4) 活動 徳川吉宗の政策と徳川宗春の政策を比較しよう！　　　　　　　　✐ 2−5 比較

　徳川吉宗：質素倹約，農業重視，庶民を大切にした，困っている人を助ける政策。

　徳川宗春：商業を重視し，経済で名古屋を発展させた。

(5) 活動 徳川吉宗の政策と徳川宗春の政策を，多面的に評価しよう！　　　✐ 2−7 多面的

	徳川吉宗		徳川宗春	
経済	点		点	
福祉	点		点	

(6) 活動 徳川吉宗の政策と徳川宗春の政策を，多角的に評価しよう！　　　✐ 2−8 多角的

	徳川吉宗		徳川宗春	
武士	点		点	
商人	点		点	
庶民	点		点	

(7) パフォーマンス課題 徳川吉宗の政策と徳川宗春の政策，どちらの政策を評価する？

✐ 2−5 比較　❓ 3−3 価値判断　❗ 4−4 評価

幕政改革への通知票 ②

目標 徳川吉宗の政策と徳川宗春の政策を比較し、違いを説明できる。

【活動１】徳川吉宗の政策と徳川宗春の政策を比較しよう！

徳川吉宗	徳川宗春

【活動２】徳川吉宗の政策と徳川宗春の政策を、多面的に評価しよう！

	徳川吉宗		徳川宗春	
経済	点		点	
福祉	点		点	
その他	点		点	

【活動３】徳川吉宗の政策と徳川宗春の政策を、多角的に評価しよう！

	徳川吉宗		徳川宗春	
武士	点		点	
商人	点		点	
庶民	点		点	

【パフォーマンス課題】徳川吉宗の政策と徳川宗春の政策、どちらの政策を評価する？

徳川吉宗 ・ 徳川宗春	（理由）

欧米諸国の近代化

単元構成のねらい

　本単元は，中世・近世の８番目の単元である。ヨーロッパでは，近代の始まりである。本単元では，市民革命と産業革命によって，社会がどのように変化したのかを中心に学習する。市民革命では，国王を中心とする封建制度が崩れ，権力による支配から国民の権利を守り，社会契約に基づく政治を行うという考えが広まっていった。また，産業革命によって生産力が飛躍的に向上し，原料，燃料，そして市場を求めて，海外進出へと向かっていく。一方で，資本家と労働者の立場による格差が広がり，労働環境の悪化や，都市の環境悪化の問題が現れる。本単元では，後の世界に大きく影響する変化を，多面的・多角的に理解する学習を行い，後の単元につなげていく。

単元の概念構造

〈本質的な問い〉政府は，誰のために，どのような役割を果たすべきだろう？

〈単元の問い〉市民革命や産業革命によって，社会はどのように変化したのだろう？

〈考えさせたい視点〉

・政治の視点…国家・政府の役割，絶対王政，立憲君主政，共和政，市民革命

・社会の視点…王政など支配への不満，啓蒙思想の広まり，産業革命による都市の環境変化

・外交の視点…植民地支配，列強の帝国主義化

・経済の視点…産業革命による資本家への利益，過酷労働，原料・市場・労働者を求めての植民地支配

オーセンティックな学びに近づけるポイント

知識の構築	革命による変化をまとめるために，当時の状況を分析し，自身の考えをまとめ，知識を構築する。
学問に基づく探究	史資料をもとに，市民革命と産業革命による社会の変化と影響を理解する。また，革命の影響を多面的に考察する。
学校を超えた価値	本単元の位置付けは，現代社会からは遠く，以後の単元につながる視点を養うことが目的である。また，社会の大きな変化への対策という視点では，現代につながる。

単元全体の課題設定のねらい

　本単元の課題では，革命の中から１つ選び，社会の変化を多面的・多角的に説明する。本単元の内容は，後の世界の変化に関わる内容であり，後の単元で日本における同様の変化の学習を行うため，課題の内容を説明と意見の段階にとどめ，意思決定や提案を含まない課題としている。多面的・多角的に理解し，その変化がどのように後の世界に影響したのかを理解することがねらいである。

単元構成

単元全体の課題	革命の担当記者として，革命による変化を多面的・多角的に伝える記事を書こう！ 【オーセンティックC】 4-2 課題解決
パフォーマンス課題	○主発問　・サブ発問（課題）
❶イギリスの議員になりきって，2つの革命の意義を説明しよう！ 【オーセンティックC】 2-4 例示	○市民革命によって，イギリスはどのように変化したのだろう？ 2-2 結果 ・どうしてピューリタン革命は起きたのだろう？ 2-1 原因 ・ピューリタン革命の結果，どうなったのだろう？ 2-2 結果 ・名誉革命の結果，どうなったのだろう？ 2-2 結果
❷ワシントンになりきって，「独立宣言」のウリを国民に説明しよう！ 【オーセンティックC】 2-4 例示	○独立戦争や南北戦争によって，アメリカはどのように変化したのだろう？ 2-2 結果 ・どうして独立戦争は起きたのだろう？ 2-1 原因 ・独立戦争の結果，どうなったのだろう？ 2-2 結果 ・どうして南北戦争が起きたのだろう？ 2-1 原因
❸フランス国民を代表して，マリー・アントワネットに対して，国民が求めていたことを説明しよう！ 【オーセンティックC】 2-1 原因 2-8 多角的	○フランス革命によって，社会はどのように変化したのだろう？ 2-2 結果 ・どうしてフランス革命は起きたのだろう？ 2-1 原因 ・フランス革命の結果，どうなったのだろう？ 2-2 結果 ・ナポレオンは，ヨーロッパにどのような影響を与えたのだろう？ 2-2 結果
❹労働者の立場に立って，産業革命を説明しよう！ 【オーセンティックC】 2-4 例示	○産業革命によって，社会はどのように変化しただろう？ 2-2 結果 ・どうして産業革命は起きたのだろう？ 2-1 原因 ・産業革命によるメリットをまとめよう！ 2-7 多面的 ・産業革命によるデメリットをまとめよう！ 2-7 多面的
❺あなたは江戸幕府から派遣された世界調査官です。当時の世界の状況を将軍に報告しよう！ 【オーセンティックC】 2-4 例示	○産業革命は世界にどのように影響を与えたのだろう？ 2-2 結果 ・どうしてヨーロッパ諸国は，世界に進出したのだろう？ 2-1 原因 ・ヨーロッパ諸国の進出で，世界はどのように影響を受けたのだろう？ 2-2 結果

【本単元の参考文献】
大村大次郎『お金の流れでわかる世界の歴史』KADOKAWA，2015年
宇山卓栄『経済で読み解く世界史』扶桑社，2019年

欧米諸国の近代化 ❸

▶ 単元内の位置付け

　本時は，フランス革命とそれによる社会の変化を学習する。まずは，現代につながる国歌の内容からクイズを出題し，当時のエピソードなどを通して興味を持って学習できるようにする。次に，革命の内容，革命による社会の変化を読み取る。そして，ナポレオンによって，自由や平等という革命の精神がヨーロッパに広がり，さらなる変化につながったことを学ぶ。

▶ 指導言でわかる！授業の流れ

(1) クイズ

　①（フランスの国歌を聞き）どうして，こんなに刺激的な内容なのだろう？

　→フランス革命のときの歌だから。

　②（ルイ14世の生活やベルサイユ宮殿を提示し）「朕（私）は○○なり」と言った。何と言った？　→「朕は国家なり」と言い，国王の力の大きさがうかがえる。

　③国民が食べ物がなくて困っていて「パンがない」という言葉に対して，ルイ16世の后のマリー・アントワネットは，「パンがないなら○○を食べればいいのに」と言った。何と言った？　→ブリオッシュ（ケーキ）。この話自体は真実ではないようだが，このような話が出るほど，国民の不満が高まっていた。

(2) 発問 （フランス革命の説明動画を見て）どうしてフランス革命は起きたのだろう？

　　　　　　　　　　　　　　　　　　　　　　　　　　　　　　　　　🖉 2-1 原因

　→貴族たちは贅沢な暮らしをしているのに，国民は苦しい生活をしている。議会はあるが，制度上自分たちの意見が通らない。自分たちの自由と平等の権利を求めて，革命が起きた。

(3) 資料読み取り （フランス革命の風刺画2枚を提示し）フランス革命の結果，どうなったのだろう？

　　　　　　　　　　　　　　　　　　　　　　　　　　　　　　　　　🖉 2-2 結果

　革命前：市民だけが税を負担して苦しんでいた。

　革命後：すべての身分で分担して負担していて，平等になっている。

(4) クイズ ナポレオンに関する，名言やエピソードなどのクイズを出題する。

　①「吾輩の辞書に，○○の文字はない」　→不可能

　②ナポレオンが初めて行った，安く軍隊をつくる方法は？　　→徴兵制

(5) 発問 ナポレオンは，ヨーロッパにどのような影響を与えたのだろう？　🖉 2-2 結果

　→ナポレオンがヨーロッパに勢力を拡大したことで，その地域に自由や平等という革命の精神が伝わり，後にその地域の変化につながった。

(6) パフォーマンス課題 フランス国民を代表して，マリー・アントワネットに対して，国民が求めていたことを説明しよう！

　　　　　　　　　　　　　　　　　　　　　　　🖉 2-1 原因　🖉 2-8 多角的

欧米諸国の近代化 ③

目標 フランス革命による社会の変化を説明できる。

【活動１】 どうしてフランス革命は起きたのだろう？

フランス
革命 ◀━━━

【活動２】 フランス革命の結果、どうなったのだろう？

（革命前） ━━▶ （革命後）

フランス革命のイラスト（帝国書院 p.150）を貼ってコピーください

【活動３】 ナポレオンは、ヨーロッパにどのような影響を与えたのだろう？

【パフォーマンス課題】 フランス国民を代表して、マリー・アントワネットに対して、
国民が求めていたことを説明しよう！

江戸幕府滅亡の理由に迫る

単元構成のねらい

　本単元は，中世・近世最後の単元である。産業革命を成し遂げ，近代化を果たした欧米列強が世界進出を進め，日本にも影響を与える時代である。本単元では，開国か否か，攘夷か否か，倒幕か否かなどの意見の対立や，改革の前後，開国の前後など，社会の変化を比較して捉える場面が多い。比較という方法を中心に学習を進めながら，江戸幕府滅亡の一番の理由を考えさせたい。

単元の概念構造

〈本質的な問い〉政権はどのようなときに滅びるのだろう？

〈単元の問い〉江戸幕府は，なぜ滅んだのだろう？

〈考えさせたい視点〉

・政治の視点…開国・攘夷・倒幕をめぐる対立

・社会の視点…開国による社会の変化

・外交の視点…欧米列強の脅威（軍事力）と近代産業力の活用

・経済の視点…開国による経済の変化，貿易による利益

・幕府の立場…江戸幕府を存続させたいが，列強の脅威と雄藩の台頭による苦悩がある。

・雄藩の立場…近代化による新たな国づくり

・庶民の立場…物価の安定と安定した生活を求める。

・列強の立場…他国よりも少しでも日本で利益を得たい。

オーセンティックな学びに近づけるポイント

知識の構築	改革の方向性，開国の方法，新たな国づくりなどのテーマごとに自身の意見をまとめるために，知識を構築する。
学問に基づく探究	史資料をもとに，幕末の複雑な状況を一つずつ読み解き，時代像を捉える。また，多面的・多角的な視点から課題を探究する。
学校を超えた価値	「政権の衰退」の理由を考えることで，現代に応用できる視点を養う。

単元全体の課題設定のねらい

　江戸幕府滅亡の理由を，多面的・多角的に考えるための課題である。そのために各時間に，外国勢力の影響，雄藩と幕府の改革の違い，不平等条約とそれによる社会・経済の混乱，倒幕派の結束と新たな国づくりの方針など，時系列ではあるが，テーマごとに学習していく。そして，最後の時間には，人物に着目した幕府滅亡の理由を考えさせることで，多面的・多角的に考えるようにする。

単元構成

単元全体の課題	江戸幕府が滅んだ一番の理由は何だろう？【オーセンティックB】 4-2 課題解決	
パフォーマンス課題	○主発問　・サブ発問（課題）	
❶オランダ国王から幕府への手紙の内容を書こう！【オーセンティックC】 2-4 例示	○幕末の日本を取り巻く状況は，どうだったのだろう？ 2-3 まとめ ・貿易交渉ゲーム「ロシアの船がやってきた！」で，ロシアと日本に分かれて交渉しよう！〈交渉ゲーム〉 ・アヘン戦争では，どのようなことが起きたのだろう？ ・アヘン戦争の結果，どうなったのだろう？ 2-2 結果	
❷薩摩藩の役人の立場で，藩の取るべき方針を，藩主に提案しよう！【オーセンティックB】 4-3 提案	○幕末の状況で，どのような政策が求められたのだろう？ 2-2 結果 ・薩摩藩は，どのような方法で財政を立て直したのだろう？ 2-1 原因 ・雄藩と幕府の政策の違いをまとめよう！ 2-5 比較 ・島津斉彬と島津斉興の政策のメリット・デメリットをまとめよう！ 2-5 比較　2-7 多面的	
❸幕府の役人の立場で，条約を結んだ理由を説明しよう！【オーセンティックC】 2-1 原因	○2つの条約締結は，正しかったのだろうか？ 3-3 価値判断 ・阿部正弘の立場で，条約を結ぶメリット・デメリットをまとめよう！ 2-6 分類　2-7 多面的 ・江戸幕府が結んだ条約のよいところを書き出そう！ 2-7 多面的 ・江戸幕府が結んだ条約のよくないところを書き出そう！ 2-7 多面的	
❹開国は，①よかった？②よくなかった？③仕方なかった？【オーセンティックB】 3-3 価値判断　4-1 意思決定	○開国の結果，どのような変化が起こったのだろうか？ 2-2 結果 ・開国の結果，経済はどのように変化したのだろう？ 2-2 結果 ・開国の結果，社会はどのように変化したのだろう？ 2-2 結果	
❺坂本龍馬は，どのような国づくりをめざしたのだろう？【オーセンティックC】 2-3 まとめ	○開国後の日本は，どのような国づくりを行うべきだろうか？ 3-3 価値判断　4-1 意思決定 ・薩摩藩と長州藩は，なぜ攘夷から倒幕へと向かったのだろう？ 2-1 原因 ・薩摩藩と長州藩を結びつけるために，坂本龍馬はどのようなことをしたのだろう？ 2-1 原因 ・坂本龍馬の「船中八策」の内容をまとめよう！ 2-3 まとめ	
❻江戸幕府滅亡に一番影響を与えたのは誰だろう？【オーセンティックB】 3-3 価値判断　4-2 課題解決	○江戸幕府が滅亡した原因は，何だろう？ 2-1 原因 ・幕府の出来事を，年表にまとめよう！ ・幕府滅亡に一番影響を与えたのは誰だろう？　それぞれの影響をまとめ，点数をつけよう！ 2-8 多角的	

【本単元の参考文献】
井沢元彦『逆説の日本史17』小学館，2014年
加来耕三企画・構成・監修『コミック版日本の歴史62　島津斉彬』ポプラ社，2018年
加来耕三企画・構成・監修『コミック版日本の歴史11　坂本龍馬』ポプラ社，2008年
上念司『経済で読み解く明治維新』KKベストセラーズ，2016年

江戸幕府滅亡の理由に迫る ❷

▶ 単元内の位置付け

　本時は，薩摩藩を事例に，江戸時代末期の雄藩の改革を中心に学習する。江戸幕府とは異なる方針で改革を行うことで財政再建に成功し，近代的な産業・軍事力を持つようになっていく。また，藩内でも改革の方針をめぐる対立があったことをもとに，求める価値の対立が政策の対立を生み，改革に成功した藩が，幕末の日本を大きく動かす力になっていったことを学習する。

▶ 指導言でわかる！授業の流れ

(1) クイズ

　①江戸時代のお金の単位は何？　→文，両など

　②今のお金に直すと，１両はいくらぐらいだろう？　→13万円

　③当時，薩摩藩は借金をしていた。いくらぐらいだろう？　→500万両

　④薩摩藩の借金を，今のお金に直すと，いくらぐらいだろう？　→6500億円

　⑤どうしてこんなに借金をしたのだろう？

　→幕府に対する，参勤交代，御手伝普請などの出費。米の不作。ぜいたく費（浪費）。

　⑥薩摩藩の財政を立て直すべく，調所広郷が担当となった。その後，どうなった？

　→2600億円の貯金ができた。

(2) 発問 薩摩藩は，どのような方法で財政を立て直したのだろう？　　🖉 2−1 原因

　→（説明）借金の無期限・無利子返還，琉球・清との密貿易，特産品の販売

(3) 発問 雄藩と幕府の政策の違いをまとめよう！　　🖉 2−5 比較

　雄藩：商業で財政を立て直し，近代的な産業，軍事力を持つことをめざす。

　幕府：農業を中心に財政を立て直し，幕藩体制を維持したい。

(4) 動画：NHK　Eテレ『先人たちの底力　知恵泉「幕末動乱の処世術　島津斉彬」』（2018年5月29日放送）を視聴

(5) 活動 薩摩藩の２つの立場のメリット・デメリットをまとめよう！

　　　　　　　　　　　　　　　　　　　　　　　🖉 2−5 比較　🖉 2−7 多面的

　島津斉彬側のメリット：近代的な産業・軍事力を持つことで，外国に対抗できるようにする。

　島津斉彬側のデメリット：たくさんのお金がかかる。借金がふくらむ。

　島津斉興側のメリット：財政再建を優先することで，藩の財政を安定させる。

　島津斉興側のデメリット：産業が発展せず，外国に対抗できない。

(6) パフォーマンス課題 薩摩藩の役人の立場で，藩の取るべき方針を，藩主に提案しよう！

　　　　　　　　　　　　　　　　　　　　　　　　　　　❗ 4−3 提案

江戸幕府滅亡の理由に迫る ②

目標 雄藩と幕府の政策の違いを説明できる。

【活動１】 薩摩藩は、どのような方法で財政を立て直したのだろう？

財政
立て直し ←

【活動２】 雄藩と幕府の政策の違いをまとめよう！

雄藩（薩摩藩・長州藩など）	幕府

【活動３】 薩摩藩の２つの立場のメリット・デメリットをまとめよう！

	島津斉彬側	島津斉興側
メリット		
デメリット		

【パフォーマンス課題】 薩摩藩の役人の立場で、藩の取るべき方針を、藩主に提案しよう！

▶ 単元内の位置付け

　本時では，本単元のまとめとして，人物に焦点を当て，江戸幕府の滅亡の理由を考えていく。まず，江戸幕府滅亡までの流れを年表にまとめ，時系列を把握する。次に，江戸幕府滅亡に貢献した人物が行ったことをまとめ，それぞれに貢献度の点数をつける。そして，それぞれの意見を交流し，クラス全体で投票を行う。最後に，再度自分自身の考えを記述する。人物を切り口に，江戸幕府滅亡の理由を考えることで，本単元全体の課題を考えるための土台をつくることがねらいである。

▶ 指導言でわかる！授業の流れ

(1) 説明 幕末の流れを，動画などを用いて説明する。

(2) 活動 幕末の出来事を年表にまとめよう！

　教科書などの資料をもとに，江戸幕府滅亡までの流れを年表にまとめる。

(3) 活動 幕府滅亡に一番影響を与えたのは誰だろう？　それぞれの影響をまとめ，点数をつけよう！　　　　　　　　　　　　　　　　　　　　　　　　✎ 2−8 多角的

　ペリー：日本を開国へ導き，幕末の動乱のすべてのきっかけをつくったから。

　坂本龍馬：薩摩藩と長州藩を結びつけ，倒幕の流れをつくったから。また，倒幕後の新しい
　　国づくりも考えていたから。

　西郷隆盛：最終的に江戸幕府を滅亡に追い込んだから。

　徳川慶喜：自ら大政奉還を行い，江戸幕府を終わらせたから。

　その他：（上の人物以外で，「この人物が一番影響を与えた」という人物がいれば，記入する。）

　　（例）パークス（イギリス）：倒幕派に味方し，幕府側につく列強を牽制して十分なサポートをさせなかったから。

(4) 活動 それぞれの意見を，グループで交流しよう！

(5) 活動 グループでそれぞれの人物の点数を計算し，提出しよう！

　すべてのグループの点数を集計し，クラスの投票結果を発表する。

(6) パフォーマンス課題 江戸幕府滅亡に一番影響を与えたのは誰だろう？

? 3−3 価値判断　！ 4−2 課題解決

江戸幕府滅亡の理由に迫る ⑥

目標 江戸幕府滅亡の原因を多面的・多角的に説明できる。

【活動１】 幕末の出来事を年表にまとめよう！

年	出来事

【活動２】 幕府滅亡に一番影響を与えたのは誰だろう？
それぞれの貢献をまとめ、点数をつけよう！

人物	点数	理由
ペリー		
坂本龍馬		
西郷隆盛		
徳川慶喜		
（その他）		

【パフォーマンス課題】 江戸幕府滅亡に一番影響を与えたのは誰だろう？

（人物名）	（理由）

明治政府の決断

単元構成のねらい

江戸幕府を倒し，次々と改革を実行していった新政府は，日本を近代国家に押し上げ，列強の仲間入りを果たしたことから，美化されがちであるが，実際は困難の連続であった。その最たるものが，財政である。国のしくみを整え，欧米列強に負けない国づくりをするために，限られた予算をどのように配分し，何を優先すべきなのか。国家の政策をテーマごとに取り上げ，明治政府が歩んだ道が正しかったのか，評価する学習を行う。

単元の概念構造

〈本質的な問い〉国家の再建のために，限られた予算をどのように配分すべきだろう？
〈単元の問い〉明治政府は，どのような政策（分野）に力を入れるべきだろう？
〈考えさせたい視点〉
・政治の視点…富国強兵・殖産興業政策など，欧米諸国を理想とする政策
・外交の視点…欧米の技術・制度の導入，不平等条約，使節団の派遣，東アジアの朝貢関係の変化
・経済の視点…政府の財政難，新税制の導入，士族の雇用問題
・社会の視点…封建制からの脱却と，それに伴う各立場からの不満
・政府の立場…欧米諸国に追いつき，不平等条約を改正したい。不足している財源を確保したい。
・士族の立場…自分たちの特権が廃止され，仕事もなくなった。
・庶民の立場…自分たちの生活は大きく変わらず，税などの負担が増えたところもあった。

オーセンティックな学びに近づけるポイント

知識の構築	政府の予算配分や，重視する政策を考え，自身の考えをまとめるために，知識を構築する。
学問に基づく探究	史資料をもとに，当時の政府の方針（富国強兵・殖産興業）とそれに対する社会の変化を理解する。また，当時の状況を多面的・多角的に分析し，それぞれの政策が正しかったのかを吟味する。
学校を超えた価値	政府の予算配分や，どの政策を重視するかを考えることで，現代の政策を考える視点を養う。

単元全体の課題設定のねらい

本単元の課題は，明治政府の政策を多面的・多角的に評価し，課題を指摘して改善策を提案する課題である。本単元の課題を考えるために，各時間でテーマごとに明治政府の政策を取り上げ，評価する学習を行う。国家の新たなスタートで，どの分野に力を入れるかという視点で考えることで，現代にも応用できる視点を養いたい。

単元構成

単元全体の課題	明治政府は何にお金をかけるべきだろうか？　明治政府の政策の課題を指摘し，改善策を提案しよう！【オーセンティックB】 `3-3 価値判断` `4-4 評価`

パフォーマンス課題	○主発問　・サブ発問（課題）
❶廃藩置県を当時の人々の立場ごとに評価しよう！ 　①新政府②庶民③士族（元武士） 【オーセンティックB】 `3-3 価値判断` `4-4 評価`	○廃藩置県は正しかったのだろうか？　`3-3 価値判断` `4-4 評価` ・新政府の悩みは何だろう？（大久保へのインタビュー） ・新政府は，何にお金をかけるべきだろう？ ・どうして廃藩置県を行ったのだろう？（大久保へのインタビュー） 　　　　　　　　　　　　　　　　　　　　　　　`2-1 原因`

❷お雇い外国人は必要？不要？当時の人々の立場ごとに評価しよう！
　①新政府②庶民③欧米諸国
【オーセンティックB】
`3-3 価値判断` `4-1 意思決定`
	○産業優先の政策は正しかったのだろうか？
	　　　　　　　　　　　　　　　　`3-3 価値判断` `4-4 評価`
	・どうしてお雇い外国人の月給は，こんなに高いのだろう？
	　　　　　　　　　　　　　　　　　　　　　　　`2-1 原因`
	・どうして富岡製糸場の工女は，比較的良い環境で働けたのだろう？
	　　　　　　　　　　　　　　　　　　　　　　　`2-1 原因`

❸地租改正，徴兵令を当時の人々の立場ごとに評価しよう！ 　①新政府②庶民③士族（元武士） 【オーセンティックB】 `3-3 価値判断` `4-4 評価`	○地租改正，徴兵令は正しかったのだろうか？ 　　　　　　　　　　　　　　　　`3-3 価値判断` `4-4 評価` ・どうして名字が必要だったのだろう？　`2-1 原因` ・どうして地租改正，徴兵令を行ったのだろう？　`2-1 原因` ・地租改正，徴兵令の結果，どうなったのだろう？　`2-2 結果`
❹文明開化を当時の人々の立場ごとに評価しよう！ 　①新政府②庶民③欧米諸国 【オーセンティックB】 `3-3 価値判断` `4-4 評価`	○文明開化はどのような影響を与えただろう？　`2-2 結果` ・どうして学制を行ったのだろう？　`2-1 原因` ・学制の結果，どうなったのだろう？　`2-2 結果` ・文明開化の光と影を探そう！　`2-6 分類` `2-7 多面的`
❺岩倉使節団は必要？不要？　当時の人々の立場ごとに評価しよう！ 　①新政府②庶民③欧米諸国 【オーセンティックB】 `3-3 価値判断` `4-1 意思決定`	○岩倉使節団派遣は正しかったのだろうか？ 　　　　　　　　　　　　　　　　`3-3 価値判断` `4-4 評価` ・どうして欧米に使節団を派遣したのだろう？　`2-1 原因` ・イギリス繁栄のなぞを探ろう！　`2-1 原因` ・ベルギー，ドイツはどうやって大国に対抗したのだろう？　`2-5 比較` ・岩倉使節団派遣は，日本にどんな影響を与えたのだろう？　`2-2 結果`
❻沖縄・北海道に対する政策を評価しよう！ 【オーセンティックB】 `3-3 価値判断` `4-4 評価`	○沖縄・北海道に対する政策は正しかったのだろうか？ 　　　　　　　　　　　　　　　　`3-3 価値判断` `4-4 評価` ・沖縄・北海道に対して，どのような政策を行ったのだろう？　`2-1 原因` ・どうして，そのような政策をとったのだろう？　`2-2 結果` ・その結果，どうなったのだろう？
❼西郷隆盛と大久保利通の決断，どちらが正しかっただろう？ 【オーセンティックB】 `3-3 価値判断` `4-1 意思決定`	○西郷隆盛と大久保利通，どちらの考えが正しかったのだろうか？ 　　　　　　　　　　　　　　　　`3-3 価値判断` `4-1 意思決定` ・なぜ西郷隆盛は兵をあげたのだろう？　`2-1 原因` ・なぜ大久保利通は西郷を討ったのだろう？　`2-1 原因` ・それぞれどのような国づくりをめざしたのだろう？　`2-5 比較`
❽伊藤，板垣，大隈，どの考えに賛成する？ 【オーセンティックB】 `3-3 価値判断` `4-1 意思決定`	○伊藤博文，板垣退助，大隈重信，どの考えが正しかったのだろうか？ 　　　　　　　　　　　　　　　　`3-3 価値判断` `4-1 意思決定` ・伊藤博文はどのような国づくりをめざしたのだろう？　`2-3 まとめ` ・板垣退助はどのような国づくりをめざしたのだろう？　`2-3 まとめ` ・大隈重信はどのような国づくりをめざしたのだろう？　`2-3 まとめ`

❾大日本帝国憲法を当時の人々の立場ごとに評価しよう！
　①新政府②庶民③士族（元武士）
【オーセンティックB】
`3-3 価値判断` `4-4 評価`
	○帝国憲法は，当時の状況から考えて，正しかったのだろうか？
	　　　　　　　　　　　　　　　　`3-3 価値判断` `4-4 評価`
	・大日本帝国憲法の良い点と課題は何だろう？
	　　　　　　　　`2-6 分類` `2-7 多面的`
	・第1回選挙の良い点と課題は何だろう？　`2-6 分類` `2-7 多面的`
	・なぜ伊藤博文は，このような国づくりを行ったのだろう？　`2-1 原因`

【本単元の参考文献】
武田知弘『経済改革としての明治維新』イースト新書，2018年
渡辺房男『お金から見た幕末維新』祥伝社，2010年

明治政府の決断 ❷

▶ 単元内の位置付け

　本時では，日本の富国強兵政策の一つである殖産興業政策を学習する。生徒に身近な題材や，お金を中心に授業を進めることで，生徒の学習意欲を高め，当時の庶民の感覚から政府の政策を評価する課題につなげたい。

▶ 指導言でわかる！授業の流れ

(1) クイズ ①あんぱんは，いつできた？　→1874（明治7）年。
　木村安兵衛が考案し，東京の銀座にある木村屋が発祥と言われている。
　②当時の値段は，いくらだろう？　→5厘（現在の60円）
　③教員の月給は？　→5円（現在の5～6万円）
　④お雇い外国人の月給は？　→1045円（現在の1200万円）

(2) 発問 どうしてお雇い外国人の月給は，こんなに高いのだろう？
　→当時の日本にはない技術を教えてくれるから。

(3) クイズ （蚕が菜を食べる音を流し）何の音？　→蚕が葉を食べる音　→生糸ができるまでの動画を視聴

(4) 資料読み取り 明治初期の輸出入のグラフから，生糸の輸出の多さを読み取る。
　明治政府の収入と支出のグラフから，財政難であったことを読み取る。

(5) 説明 富国強兵の説明（動画等を利用）

(6) クイズ （富岡製糸場を提示し）これはだれがつくったのだろう？
　→国（政府）がつくった官営工場

(7) 発問 どうして国が経営しているのだろう？
　・当時は，生糸が輸出の主力品で，たくさんつくって利益を得る必要があった。
　・外国の機械やお雇い外国人にたくさんの費用がかかるため，はじめはなり手が少なかった。

(8) クイズ ①はじめは工女が集まらなかった。その理由は？
　→外国人に「血をとられる」などの噂があったため。
　②工女の勤務時間と月給は？
　→1日8時間労働，月給25円（現在の30万円）。ヨーロッパの産業革命後の都市の変化と関連付けて，労働者は過酷な労働を強いられたことと対比する。

(9) 発問 どうして，工女の働く環境は，比較的良かったのだろう？ 2-1 原因
　→ここで技術を学ばせ，工女を日本全国の指導者にするため。

(10) パフォーマンス課題 お雇い外国人は必要？不要？　当時の人々の立場ごとに評価しよう！

❓ 3-3 価値判断　❗ 4-1 意思決定

明治政府の決断 ②

目標 日本を強い国にするために行った政策を、資料をもとに説明できる。

【課題１】 どうしてお雇い外国人の月給は、こんなに高いのだろう？

お雇い外国人の月給が高い	◀	

【課題２】 資料から読み取り

（輸出入のグラフ）

（明治政府の収入と支出のグラフ）

【課題３】 どうして国が経営しているのだろう？

国が経営	◀	

【課題４】 どうして、工女の働く環境は、比較的良かったのだろう？

工女の働く環境が良い	◀	

【パフォーマンス課題】 お雇い外国人は必要？不要？
当時の人々の立場ごとに評価しよう！

立場	採点	理由
政府		
庶民（元百姓）		
欧米諸国		

帝国主義世界での日本の行方

単元構成のねらい

　本単元は，近代・現代の２番目の単元である。帝国主義の考えにもとづき，世界進出する欧米列強。それに追随する形で，日本も近代化を進め，日清・日露戦争へと進んでいった。本単元では，このような帝国主義を中心とする社会の中で，日本の進むべき道を考えていく。近代化や領土の安全のために，日清・日露戦争はすべきだったのか，仕方なかったのか，他の方法はなかったのかを考えることで，現代の国の政策を考える視点を養いたい。

単元の概念構造

〈本質的な問い〉帝国主義は，その国，そして世界にどのような影響を与えるだろう？
〈単元の問い〉帝国主義の世界の中で，日本はどのような国づくりをすべきだろう？
〈考えさせたい視点〉
・政治の視点…「利益線」の考え方による安全保障上の朝鮮の位置付けを巡る対立
・外交の視点…脱亜論，日英同盟，日露協商，ポーツマス条約，韓国併合，条約改正などとこれらを
　　　　　　　巡る対立
・経済の視点…軍事費の確保，賠償金による重工業の発展，軍備の拡張
・政府の立場…帝国主義の一員となり，不平等条約を改正したい。日本の利益線として朝鮮を手に入
　　　　　　　れたい。
・庶民の立場…戦争が続くことによって，税の負担が大きくなる。
・アジアの国々の立場…日本が帝国主義の仲間入りを果たしたが，やっていることは欧米諸国と変わ
　　　　　　　　　　　らない。

オーセンティックな学びに近づけるポイント

知識の構築	帝国主義の世界の中で，日本がどのような国づくりをすべきかを考えることで，自身の立場を決め，考えをまとめるために，知識を構築する。
学問に基づく探究	史資料をもとに，帝国主義の国々による国際関係の中で，日本が清・ロシアと戦争し，国際的な立場を確立していったことを理解する。また，多面的・多角的な視点から，戦争はすべきだったのか，他の選択肢はなかったのかを考察する。
学校を超えた価値	国際社会の中での日本の進む道を考えることで，現代の政策を考える視点を養う。

単元全体の課題設定のねらい

　この課題は，帝国書院の教科書 p.188 に掲載される「『三酔人経綸問答』を考察する」をもとに設定している。「これから日本はどのように他国と付き合うべきか」という課題に対して，3名の人物が意見を述べている。自分がどの意見に近いか，もしくは別の意見かを考え，取り組んでいく。この課題を通して，国際社会の中で日本はどのような道を進むべきかを考える，現代につながる課題となっている。

単元構成

単元全体の課題	日清・日露戦争を踏まえ，日本は他国とどのように付き合うべきだろう？ 【オーセンティックB】 4-3 提案
パフォーマンス課題	○主発問　・サブ発問（課題）
❶「脱亜論」に賛成？反対？　あなたの考えを書こう！ 【オーセンティックB】 3-3 価値判断 4-1 意思決定	○日本は，どのような国をめざしたのだろう？　2-3 まとめ ・どうして，ノルマントン号事件で船長は無罪，大津事件で犯人は無期懲役だったのだろう？　2-1 原因 ・帝国主義が広がる世界の中で，日本はどのような政策を行ったのだろう？ ・イギリスは，どうして領事裁判権の廃止を認めたのだろう？　2-1 原因
❷日清戦争をそれぞれの国はどう考えたか？　それぞれの国の立場で書こう！（日本・清・朝鮮・ロシア） 【オーセンティックB】 2-7 多面的	○日清戦争は，すべきだったのだろうか？　3-3 価値判断 4-1 意思決定 ・どうして日本は，清と戦争したのだろう？　2-1 原因 ・日本と清を比較しよう！　2-5 比較 ・日清戦争の結果，どうなったのだろう？　2-2 結果
❸日露戦争前にタイムスリップ！戦争をしない解決策を提案しよう！ 【オーセンティックB】 4-3 提案	○日露戦争は，すべきだったのだろうか？　3-3 価値判断 4-1 意思決定 ・どうして日本は，ロシアと対立したのだろう？　2-1 原因 ・イギリス，アメリカは，どうして日本に味方したのだろう？　2-1 原因 2-8 多角的 ・日本とロシアを比較しよう！　2-5 比較
❹日露戦争はすべきだったのか，すべきでなかったのか，仕方なかったのか。10点満点で評価し，理由を書こう！ 【オーセンティックB】 3-3 価値判断 4-4 評価	○日露戦争は，すべきだったのだろうか？　3-3 価値判断 4-1 意思決定 ・どうして戦争を続けられなくなったのだろう？　2-1 原因 ・日露戦争の結果は，どうなったのだろう？　2-2 結果
❺韓国併合について，あなたの考えを書こう！ 【オーセンティックB】 3-3 価値判断 4-4 評価	○韓国併合は，正しかったのだろうか？　3-3 価値判断 4-1 意思決定 ・どうして日本は，韓国を併合したのだろう？　2-1 原因 ・日本の動きをそれぞれの国はどう考えたか？　それぞれの国の立場で書こう！（中国・朝鮮・アジア諸国・欧米諸国）　2-8 多角的

【本単元の参考文献】
乾正学『中学歴史　生徒が夢中になる！アクティブ・ラーニング＆導入ネタ80』明治図書，2016年
大村大次郎『お金の流れで読む日本の歴史』KADOKAWA，2016年
河原和之編著『〈活用・探究力を鍛える〉「歴史人物42人＋α」穴埋めエピソードワーク』明治図書，2009年

▶ 単元内の位置付け

　本時では，日露戦争の後半部分を扱う。前時の日本とロシアの比較をもとに，どうしてこれだけの国力差があるにもかかわらず戦えたのかを確認する。そして，多くの犠牲者と損害を出し，国民に負担をかけて終わった日露戦争は，すべきだったのかどうか，様々な意見を参考に，自分の意見を考える。

▶ 指導言でわかる！授業の流れ

(1) クイズ 正露丸の CM を視聴した後，クイズを出題する。(※河原実践)

　①正露丸は，明治時代につくられた。何の薬？　→胃腸薬

　②名前にどんな意味があるだろう？　→ロシアを征服する。寒いロシアに出兵するときの胃腸薬としてつくられた。昔のパッケージを提示し，以前は「征露丸」であったことを確認。

(2) 発問 (前回の資料を提示し) 日本は，これだけのお金をどうやって集めたのだろう？
あなたなら，どうやってこれだけのお金を集める？

　→国民への増税，寄付をつのる，国債・外債の発行など

　→動画：NHK　E テレ『先人たちの底力　知恵泉「人の心をつかむ極意〜" 財政の神様 " 高橋是清〜」』(2016年10月25日放送) を視聴。増税だけでなく，外債を購入してもらえたことで，戦争の資金を調達できた。

(3) 発問 (前回の資料を提示し) この戦力差で，日本はどうやって戦ったのだろう？

　→ (ここでは予想のみ)

(4) 発問 (バルチック艦隊の航路を提示し) どうして遠回りしているのだろう？

　→日英同盟があったので，ロシアはイギリスの植民地に立ち寄ることができなかった。

　※陸戦・海戦の様々なエピソードを紹介してもよい。

(5) 発問 次第に，どちらも戦争を続けられなくなる。どうしてだろう？　　🖊 2−1 原因

日本：資金や物資が不足したから。

ロシア：国内で革命運動が起きたから。

(6) 発問 日露戦争の結果は，どうなったのだろう？　　🖊 2−2 結果

　→アメリカの仲介でポーツマス条約が結ばれた。

(7) 発問 アメリカは，どうして仲介したのだろう？　→日本に有利な平和条約を結ぶことで，
東アジアにアメリカが経済的に入り込む余地を残そうとしたから。　　🖊 2−1 原因

(8) 発問 ポーツマス条約を受けて，日本の国民はどのように反応しただろう？

　→国民は重税に苦しんだのに，賠償金がないことに反発し，暴動が起こった。

(9) パフォーマンス課題 日露戦争はすべきだったのか，すべきでなかったのか，仕方なかったのか。10点満点で評価し，理由を書こう！　　❓ 3−3 価値判断　❗ 4−4 評価

　※賛成・反対それぞれの立場の意見を資料として提示する。

帝国主義世界での日本の行方 ④

目標 日露戦争の結果と、日露戦争が与えた影響を説明できる。

【活動１】次第に、どちらも戦争を続けられなくなる。どうしてだろう？

【活動２】日露戦争の結果は、どうなったのだろう？

日露戦争 →

【活動３】アメリカは、どうして仲介したのだろう？

【活動４】ポーツマス条約を受けて、日本の国民はどのように反応しただろう？

【パフォーマンス課題】日露戦争はすべきだったのか、すべきでなかったのか、
　　　　　　　　　　仕方なかったのか。10点満点で評価し、理由を書こう！

	（理由）
点	

日本の近代化の光と影

単元構成のねらい

　本単元は，近代・現代の３番目の単元である。日清・日露戦争に勝利し，近代化を進めていく日本。そんな当時の日本の光の部分だけでなく，影の部分を取り上げたい。公害問題の先がけとされる足尾銅山鉱毒事件は，教科書でも取り上げられる題材である。本単元では，足尾銅山鉱毒事件に加えて，同時代に起きた別子銅山煙害問題を取り上げ，政府や企業のあり方，持続可能な社会の実現に向けて必要なことを考えさせたい。

　また，第５時に，現代の企業の社会的責任（CSR）につなげる学習を位置付けた。歴史の学習と公民の学習をつなげるねらいである。

単元の概念構造

〈本質的な問い〉長期的な視野で，経済発展と環境保全を両立するには，どうすればよいだろう？

〈単元の問い〉日本の近代化は，正しい方法で行われたのだろうか？

〈考えさせたい視点〉

・政治の視点…富国強兵・殖産興業政策に基づく産業発展優先の政策，近代化に伴う社会問題への対応

・社会の視点…産業発展，公害問題，労働環境の問題，貧富の差の拡大

・経済の視点…企業の長期的利益，企業の社会的責任

・政府の立場…欧米諸国に追いつくために，産業発展を最優先させたい。

・企業の立場…利益を増やすために，鉱山事業を継続したい。長期的な視点で考えると，環境問題を解決し，地域とともに発展する方が，利益がある。

・庶民の立場…都市の環境悪化，労働環境の悪化，貧富の差の拡大などを解決してほしい。

オーセンティックな学びに近づけるポイント

知識の構築	近代化のメリット・デメリットをまとめ，改善策を考えるために知識を構築する。
学問に基づく探究	史資料をもとに，日本の近代化・産業発展の経緯と，それに伴う社会の課題を理解する。また，多面的・多角的にデメリットの解決策を考察する。
学校を超えた価値	単元全体では，近代化によるメリット・デメリットを考えることで，現代の環境と開発を巡る論争を考える視点につなげる。また，第５時の課題で，近代の公害の問題を現代の環境問題につなげ，企業と社会の両方の視点からCSRの取り組みを提案する。

単元全体の課題設定のねらい

　本単元では，現代につながる社会的論争問題を扱う。本来のオーセンティックな学習では，論争問題を単元の中心にする。しかし，歴史の学習であることを重視し，単元内の各授業の課題で論争問題を扱い，単元全体の課題では，その当時の状況を理解し，政府の政策を評価する課題を設定した。当時の日本の政策方針と状況を考慮し，改善策を考えることで，持続可能な社会に必要なことを考えさせたい。

単元構成

単元全体の課題	日本の近代化に点数をつけよう！　日本の近代化の「光」と「影」の部分を具体的に説明し，改善策を提案しよう！【オーセンティックB】 `4-3 提案`
パフォーマンス課題	○主発問　・サブ発問（課題）
❶「糸」と「鉄」が日本の近代化にどのように関係するのか，説明しよう！ 【オーセンティックC】 `2-3 まとめ`	○日本の近代化は，どのように進んだのだろう？　`2-3 まとめ` ・日本の近代化に「糸」はどのように関係したのだろう？　`2-1 原因` ・日本の近代化に「鉄」はどのように関係したのだろう？　`2-1 原因` ・日本の産業革命の結果，社会はどうなっただろう？　`2-2 結果`
❷明治時代の文化は，江戸時代の文化とどのように違うか，説明しよう！ 【オーセンティックC】 `2-5 比較`	○明治時代の文化は，どのような特徴があるのだろう？　`2-3 まとめ` ・明治時代の文化は，これまでとどのように違うのだろう？　`2-5 比較`
❸足尾銅山の採掘を続けるべきか。自分の考える解決策を提案しよう！ 【オーセンティックB】 `3-3 価値判断` `4-3 提案`	○産業発展を最優先にすべきなのだろうか？　`3-3 価値判断` ・日本の近代化の「光」と「影」をまとめよう！　`2-6 分類` `2-7 多面的` ・谷中村遊水地計画の，人々の反応をまとめよう！　`2-8 多角的`
❹田中正造・伊庭貞剛が現代に来たら，どんなメッセージを送るだろう？ 【オーセンティックB】 `2-4 例示`	○企業の目的・役割・責任は，どのようなものだろう？　`2-3 まとめ` ・どうして伊庭貞剛は，全面解決をめざしたのだろう？　`2-1 原因` ・煙害問題の解決策のメリット・デメリットをまとめよう！　`2-6 分類` `2-7 多面的`
❺現代のCSRグランプリを選ぼう！ 【オーセンティックA】 `4-2 課題解決`	○企業の目的・役割・責任は，どのようなものだろう？　`2-3 まとめ` ・様々な社会的課題に対して，企業はどのような取り組みを行っているだろう？ ・企業の社会的責任を調べよう！ ・どうして企業の社会的責任を負うのだろう？　`2-1 原因`

【本単元の参考文献】
峯明秀「社会科歴史における思考力評価問題作成に関する一考察」『全国社会科教育学会　第54回全国研究大会自由発表資料』2005年
佐江衆一『田中正造』岩波ジュニア新書，1993年
長谷川直哉「別子銅山煙害対策を巡る住友総理事伊庭貞剛の経営思想」『人間環境論集』16巻　法政大学人間環境学会，2016年，pp.95-124

▶ 単元内の位置付け

　本時は，足尾銅山鉱毒事件を中心に学習する。まず，足尾銅山鉱毒事件をモデル化した事例を提示し，どう解決すべきかを考える。次に，資料から当時の状況を読み取り，近代化を進める日本の産業発展という「光」の部分と，労働者や農村での生活の悪化などの「影」の部分を理解する。そして，田中正造の読み物教材をもとにして，事件の経過をたどり，この問題をどう解決すべきだったのかを考える。

▶ 指導言でわかる！授業の流れ

(1) 活動 足尾銅山鉱毒事件をモデル化した事例を提示し，グループ内でA国，B社，C村の立場に分かれ，どのように解決するかを議論する。(※峯実践)

　A国：外国に負けないように，今は多少の犠牲が出ても，産業を優先すべきだ。

　B社：銅の採掘はもうかるし，国のためにもなるから，続けたい。

　C村：銅の採掘のせいで，自分たちの生活が脅かされている。中止してほしい。

(2) 活動 当時の日本の状況を読み取り，日本の近代化の「光」と「影」をまとめよう！

🖉 2－6 分類 🖉 2－7 多面的

　光の部分：産業革命によって，重工業が発達した。産業の発展が近代化を支えている。

　影の部分：労働条件・環境の悪化，農村の貧富の差の拡大，公害問題などが起きた。

(3) 資料読み取り 読み物資料『田中正造』を読む。

(4) 発問 どうして，政府は採掘を中止させなかったのだろう？

🖉 2－1 原因

　→富国強兵，殖産興業政策のもとで，国を発展させるために，採掘を止めたくなかった。

(5) 資料読み取り 読み物資料『田中正造』の続きを読む。

(6) 発問 谷中村遊水池計画が出て，それぞれの立場の人はどう考えただろう？ 🖉 2－8 多角的

　政府：遊水池をつくれば，銅の採掘を続けられる。

　企業：遊水池をつくれば，銅の採掘を続けられる。

　谷中村の住民：自分たちの住んでいるところを沈めることで解決するなんて，許せない。

　周囲の運動に参加していた人々：谷中村が沈むことで自分たちに被害が出ないなら，銅の採掘を続けても構わない。

　田中正造：根本的に解決せず，一部の人を犠牲にして国や自分たちの利益を優先するのは許せない。

(7) 資料読み取り 読み物資料『田中正造』の最後を読む。

　田中正造と谷中村の住民の一部は，最後まで抵抗を続けたが，強制的に谷中村は沈められ，遊水地となった。そのハート型の遊水地は，現在も残っている。

(8) パフォーマンス課題 足尾銅山の採掘を続けるべきか。自分の考える解決策を提案しよう！

❓ 3－3 価値判断 ❗ 4－3 提案

日本の近代化の光と影 ③

目標 日本の近代化によって起こった社会問題を説明できる。

【活動１】 どう解決すべきだろう？

　A国では、産業を発展させるため、さまざまな取り組みをしています。
　A国は対外的にやや発言力を増したものの、まだ国際社会では影響力のない国です。そこで、A国は古くからの輸出品である銅に目をつけ、銅の採掘をもとに工業化を図ろうとしました。
　銅の採掘は、B社が積極的に請け負い、B社は多くの利益を得ています。
　しかし、現在の技術力では銅を採掘すれば有毒なガスが発生します。
　また、鉱山付近では木村の伐採により、雨が降ると必ず洪水がおこり、銅の採掘によって出てくる有害な物質が、田畑に流れ出します。C村にも多くの被害が出ています。

（解決策）

【活動２】 当時の日本の状況を読み取り、日本の近代化の「光」と「影」をまとめよう！

（光）	（影）

【活動３】 どうして、政府は採掘を中止させなかったのだろう？

【活動４】 谷中村遊水池計画が出て、それぞれの立場の人はどう考えただろう？

政府	
企業	
谷中村の住民	
周囲の人々	
田中正造	

【パフォーマンス課題】 足尾銅山の採掘を続けるべきか。
　　　　　　　　　　　自分の考える解決策を提案しよう！

銅の採掘を続ける or 銅の採掘をやめる	（理由）

▶ 単元内の位置付け

　本時では，前時の足尾銅山鉱毒事件とほぼ同時代に起きた別子銅山煙害問題を中心に学習する。産業優先の方針のもと，銅の採掘が継続された足尾銅山鉱毒事件に対して，別子銅山では問題の全面解決に向けて取り組んだ。この事例は，現代で言う「企業の社会的責任（CSR）」を考える題材として適している。また，当時の社会状況においても，産業発展のみでなく，負の側面への解決が求められていた視点を得ることができる。企業は，単なる慈善活動としてではなく，企業と地域の長期的発展，共生をめざした取り組みとして，現代のCSRを考える視点を養いたい。

▶ 指導言でわかる！授業の流れ

(1) 説明 帝国議会での田中正造の演説（別子銅山の経営者は，自分の金もうけだけを考えるのでなく，別子の山を未来に残そうとしているという内容）を紹介し，別子銅山煙害問題を学習することを伝える。

(2) クイズ ①（別子銅山の煙害問題を伝え）当時の責任者の伊庭貞剛は，どの方法をとっただろう？ （4択）A：気にせず銅の採掘を続行　B：損害賠償（お金で解決）　C：別の場所に移転　D：銅の採掘を止める

　→正解はC。別子銅山から得られる利益の約2年分の費用を使い，無人島へ移転させた。

②しかし，有毒物質が四国本土に流れ出てしまい，煙害が止まらなかった。どうした？

（4択）A：あきらめた　B：損害賠償（お金で解決）

C：技術開発を続けた　D：銅の採掘を止めた

　→正解はC。煙害が発生しない方法を研究し続けた。その結果，移転から34年後に煙害問題の全面解決に成功した。

③伊庭貞剛が，煙害問題の解決と並行して行った取り組みは何だろう？

　→植林活動を行い，それが現在の住友林業につながっている。

(3) 発問 どうして伊庭貞剛は，全面解決をめざしたのだろう？　　　　　✎ 2−1 原因

　→地域の自然を残し，企業と地域が共に発展していくことが，長い目でみれば企業の利益にもつながる（百年の計）。

(4) 活動 伊庭貞剛の決断は正しかったか？　全面解決のメリット・デメリットをまとめよう！

✎ 2−6 分類　✎ 2−7 多面的

メリット：全面解決したことで，企業も地域も共に発展していけるようになった。

デメリット：短期的に考えれば，企業にとって大きな損失である。

(5) パフォーマンス課題

田中正造・伊庭貞剛が現代に来たら，どんなメッセージを送るだろう？　　✎ 2−4 例示

日本の近代化の光と影 ④

目標 日本の近代化の影の部分と企業の社会的責任について説明できる。

別子銅山煙害問題

1893年、別子銅山の製錬所から有毒物質が発生！（煙害）
周辺地域の農家に被害が出た。
被害農家は、3万以上。賠償金の総額は、別子銅山の年間利益の約8倍に及ぶ。

【活動1】どうして伊庭貞剛は、全面解決をめざしたのだろう？

【活動2】伊庭貞剛の決断は正しかったか？　全面解決のメリット・デメリットを
　　　　　まとめよう！

（メリット）	（デメリット）

【パフォーマンス課題】田中正造・伊庭貞剛が現代に来たら、どんなメッセージを
　　　　　　　　　　　送るだろう？

争いを生まない条約を提案しよう

単元構成のねらい

　本単元では，第一次世界大戦という，多くの国を巻き込んだ戦争をメインに学習する。第一次世界大戦は，それまでの戦争と比べて，新兵器により殺傷能力が高まり，長期戦・そして総力戦となった。その結果，多くの犠牲者を出し，社会も大きく変化した。そんな第一次世界大戦による社会の変化，そして，戦後の平和構築のための取り組みを扱い，それを評価し，より良い方法を提案することで，平和な社会を築くために必要なことを考えていく。

単元の概念構造

〈本質的な問い〉平和な社会を築くために，どのような国際関係・国際協力が必要だろう？
〈単元の問い〉第一次世界大戦は，なぜ起こり，世界にどのような影響を与えたのだろう？
〈考えさせたい視点〉
・外交の視点…帝国主義の争いの中で，自国の利益となるように，他国と協力・対立する。戦後の処理を巡る利害関係とそれによる新たな課題が発生する。
・経済の視点…戦争による影響で，ヨーロッパの経済力低下，アメリカの経済発展，日本の発展
・社会の視点…戦争の長期化，総力戦による社会の変化（女性の社会進出，アメリカの台頭，ロシア革命）
・日本の立場…第一次世界大戦に乗じて，領土を拡大したい。
・イギリス・フランスの立場…第一次世界大戦による国力低下で，ドイツから賠償金をとりたい。
・ドイツの立場…敗戦の上に領土縮小，賠償金で混乱し，戦後の体制への不満がある。
・アジア諸国の立場…列強の戦争に協力させられたが，見返りがない。東ヨーロッパの独立により，民族運動が広がる。

オーセンティックな学びに近づけるポイント

知識の構築	ベルサイユ条約の問題点を考え，争いを生まない条約を考えることを通して，自身の考えをまとめ，知識を構築する。
学問に基づく探究	史資料をもとに，第一次世界大戦の原因と結果，戦後の社会の変化と影響を理解する。また，平和構築に向けた課題を，多面的・多角的に考察する。
学校を超えた価値	平和な社会を築くための国際関係・国際協力のあり方について考えることで，現代社会を考えるための視点を養う。また，難民問題について取り上げることで，現代社会の課題を考える。

単元全体の課題設定のねらい

　ベルサイユ条約については，多額の賠償金など，ドイツにとって厳しい内容であり，それが次の戦争を招いたという見方がある。本課題では，ベルサイユ条約の問題点を指摘し，争いを生まないための条約を提案する。この提案には，各国が納得でき，平和な社会を築くという条件がある。この課題を考えることで，平和を実現するためにはどのようなことが必要なのか，どのような国際関係・国際協力が必要なのかを考えていく。

単元構成

単元全体の課題	ベルサイユ条約の問題点を指摘し，争いを生まないための条約を提案しよう！ 【オーセンティックB】 4-3 提案
パフォーマンス課題	○主発問　・サブ発問（課題）
❶新聞記者になりきって，第一次世界大戦を記事にしよう！ テーマ：きっかけ，新兵器，総力戦などから１つを選ぶ 【オーセンティックC】 2-3 まとめ	○第一次世界大戦は，世界にどのような影響を与えたのだろう？ 2-2 結果 ・どうして第一次世界大戦は起きたのだろう？ 2-1 原因 ・それまでの戦争と第一次世界大戦は，どう違うだろう？ 2-5 比較
❷日本の第一次世界大戦への参戦に対する，あなたの意見を書こう！ 【オーセンティックB】 3-3 価値判断 4-1 意思決定	○第一次世界大戦は，日本にどのような影響を与えたのだろう？ 2-2 結果 ・どうして日本は，第一次世界大戦に参戦したのだろう？ 2-1 原因 ・日本の第一次世界大戦への参戦を，各国はどのように考えただろう？（日本，中国，ドイツ，イギリス） 2-8 多角的
❸ベルサイユ条約に賛成？反対？講和会議の議長として意見を書こう！ 【オーセンティックB】 3-3 価値判断 4-1 意思決定	○ベルサイユ条約は，正しかったのだろうか？ 3-3 価値判断 4-1 意思決定 ・第一次世界大戦後の各国の状況を比較しよう！ 2-5 比較 ・ベルサイユ条約での各国の思惑を書こう！（ドイツ，イギリス・フランス，アメリカ，日本） 2-8 多角的 ・ベルサイユ条約の良い点と課題をまとめよう！ 2-6 分類 2-7 多面的
❹ガンディーになりきり，運動の内容を国民に説明しよう！ 【オーセンティックC】 2-4 例示	○第一次世界大戦後，世界にどのような変化があっただろう？ 2-2 結果 ・朝鮮・中国・インドで起きた運動の内容をまとめよう！ 2-3 まとめ ・どうして世界各地で運動が起きたのだろう？ 2-1 原因 ・ワシントン会議の内容をまとめよう！ 2-3 まとめ
❺難民問題について，新聞記事を書こう！（事実，原因，対策，意見） 【オーセンティックA】 4-2 課題解決	○難民問題は，どのような対策が必要だろう？ 3-3 価値判断 4-2 課題解決 ・第一次世界大戦で，住む場所を奪われた人々は，どうなったのだろう？ ・国際連盟の「難民の父」と呼ばれるナンセンは，どのような対策を行ったのだろう？ ・難民の歴史と，現在の難民問題を調べよう！ 2-3 まとめ

【本単元の参考資料】
NHK『映像の世紀バタフライエフェクト「難民　命を救う闘い」』2022年７月25日放送

▶ 単元内の位置付け

本時では，第一次世界大戦に日本が参戦した思惑とその結果について学習する。

現在にもつながるモノに関するクイズで子どもの学習意欲を高め，日本参戦の理由に迫っていく。そして，参戦の結果，日本の行った行為と各国の評価を考え，その後の反日感情や国際関係につながっていくことをつかむ。

▶ 指導言でわかる！授業の流れ

(1) クイズ 第一次世界大戦で生まれた，現在でも着られるオシャレアイテムは？

→トレンチコート。トレンチとは塹壕の意味で，塹壕で風雨をしのぎ温かい多機能なコートとして生まれた。

(2) 復習 第一次世界大戦は，これまでの戦争と何が変わった？　　　　　　　　✐ 2-5 比較

→新兵器が登場し，殺傷能力が上がった。戦争が長期化し，総力戦となった。

(3) 活動 第一次世界大戦に日本は参戦した？　→参戦した。

どうして参戦した？　→日英同盟

日本参戦の本当の理由を，資料から考えよう！　　　　　　　　　　　　✐ 2-1 原因

【資料】第一次世界大戦時の各国の同盟関係，アジアの植民地支配図

→アジアにあるドイツ領を手に入れ，利益を得たかった。

(4) クイズ 日本がドイツ領を攻撃し，ドイツの捕虜を日本に連れ帰った。この頃に日本に伝わった食べ物は（肉料理とスイーツ）？　→ロースハムとバウムクーヘン

(5) 活動 日本はこの時期に，「二十一か条の要求」を中国政府につきつけた。条文を読み，中国政府が一番納得できないものを選ぼう！

→「中国は，政治・経済・軍事の顧問として，中央政府に有力な日本人を雇うこと」など

(6) 発問 日本の第一次世界大戦への参戦を，各国はどのように考えただろう？　✐ 2-8 多角的

日本：ドイツが持っていたアジアでの利権を手に入れられてラッキー。

中国：日本は，関係のない我々に，二十一か条の要求をつきつけてきて，許せない。

ドイツ：どさくさにまぎれて，自分たちのアジアでの利権を奪って，許せない。

イギリス：日英同盟をいいことに，自分の利益のために参戦した。

(7) パフォーマンス課題 日本の第一次世界大戦への参戦に対する，あなたの意見を書こう！

❓ 3-3 価値判断　❗ 4-1 意思決定

争いを生まない条約を提案しよう ②

[目標] 第一次世界大戦への日本の関わりを説明できる。

【活動 1】 どうして日本は、第一次世界大戦に参戦したのだろう？

（建前）	（本音）

【活動 2】 日本はこの時期に、「二十一か条の要求」を中国政府につきつけた。
条文を読み、中国政府が一番納得できないものを選ぼう！

	条	
（理由）		

【活動 3】 日本の第一次世界大戦への参戦を、各国はどのように考えただろう？

日本		中国	
ドイツ		イギリス	

【パフォーマンス課題】 日本の第一次世界大戦への参戦に対する、
あなたの意見を書こう！

争いを生まない条約を提案しよう ❸

▶ 単元内の位置付け

　本時は，第一次世界大戦後の平和条約，そして平和構築のための取り組みを扱う。まずは紙幣で遊ぶ子どもの様子から，ドイツ経済の混乱を取り上げる。次に，各国の状況を比較し，ベルサイユ条約に対する各国の思惑を考えさせる。そして，パフォーマンス課題では，講和会議の議長ならどう判断するかを考えさせることで，平和の実現のためには何が必要なのかを考えさせる。

▶ 指導言でわかる！授業の流れ

(1) クイズ （写真を提示し）何をしているのだろう？　→「積木」

　→何を使っている？　→「札束」　→どうして札束を使っているのだろう？

(2) 説明 第一次世界大戦後の世界の様子の説明

(3) 活動 第一次世界大戦後の各国の状況を比較しよう！　　　🖊 2-5 比較

　ドイツ：戦争に敗れ，国土も経済もボロボロ。

　イギリス・フランス：戦争には勝利したが，戦費がかさみ，立て直すのに時間がかかる。

　アメリカ：戦場にならず，物資の輸出などでもうけ，世界一の工業国になっていった。

　日本：戦場にならず，利権を増やし，物資の輸出などでもうけ，工業化を進めた。

(4) 活動 ベルサイユ条約の内容をまとめよう！

　→ドイツの国外領土の放棄，多額の賠償金など

(5) 活動 ベルサイユ条約での各国の思惑を書こう！　　　🖊 2-8 多角的

　ドイツ：戦争に敗れたとはいえ，ここまで厳しくされたら立ち直れない。

　イギリス・フランス：戦費がかさんだので，ドイツからたくさん賠償金をとりたい。

　アメリカ：これからの世界のリーダーとなるように，今後の世界のことを考えて発言したい。

　日本：世界での発言権を増したい。第一次世界大戦で得た利権は守りたい。

(6) 活動 ベルサイユ条約の良い点と課題をまとめよう！　　🖊 2-6 分類　🖊 2-7 多面的

　メリット：ドイツに二度と戦争をさせないように，厳しい条約であった。

　デメリット：ドイツにとっては厳しすぎ，立て直すのが困難になった。

(7) パフォーマンス課題 ベルサイユ条約に賛成？反対？　講和会議の議長として意見を書こう！

　　　　　　　　　　　　　　　　　❓ 3-3 価値判断　❗ 4-1 意思決定

争いを生まない条約を提案しよう ③

目標 第一次世界大戦後の世界の様子と平和に向けた取り組みを説明できる。

【活動 I 】第一次世界大戦後の各国の状況を比較しよう！

ドイツ	イギリス・フランス	アメリカ	日本

【活動 2 】ベルサイユ条約の内容をまとめよう！

【活動 3 】ベルサイユ条約での各国の思惑を書こう！

ドイツ	イギリス・フランス	アメリカ	日本

【活動 4 】ベルサイユ条約の良い点と課題をまとめよう！

（良い点）	（課題）

【パフォーマンス課題】ベルサイユ条約に賛成？反対？
　　　　　　　　　　講和会議の議長として意見を書こう！

賛成 ・ 反対	（理由）

大正デモクラシーと社会運動の広がり

単元構成のねらい

　本単元は，近代・現代の５番目の単元である。大正デモクラシーに代表されるように，民主主義の考えが広まり，様々な分野で社会運動が起こった時代である。そんな民主主義の広まり，社会運動の広がりを，近代化による産業の発展，第一次世界大戦による経済成長，マスメディアの大衆化など，多面的につながりを捉えさせたい。

　また，それぞれの社会運動の意義を理解した上で，政府の対応に対する意見を書かせることで，現代の社会運動とその対応を捉える視点を養いたい。

単元の概念構造

〈本質的な問い〉民主主義の広まりが，社会にどのような影響を及ぼすのだろう？

〈単元の問い〉大正時代の社会運動で，社会はどのように変化したのだろう？

〈考えさせたい視点〉

・政治の視点…第一次世界大戦による産業発展，戦後不況からの脱却

・社会の視点…民主主義の広がりによる，社会の矛盾に対して様々な分野で運動が起こる。

・経済の視点…物価の上昇による苦しい生活，第一次世界大戦後の不況

オーセンティックな学びに近づけるポイント

知識の構築	社会運動と政府の対応，それに対する自分の意見を考えることを通して，知識を構築する。
学問に基づく探究	史資料をもとに，第一次世界大戦からの民族自決，ロシア革命などの影響と，国内の民主主義の考えが広がり，社会運動の機運が高まり，様々な分野で運動が起き，社会に影響を与えたことを理解する。また，多面的・多角的な視点から，それぞれの社会運動とその影響を考察する。
学校を超えた価値	民主主義の広がりと社会への影響を考えることで，現代社会を考えるための視点を養う。また，差別の問題について取り上げ，現代社会の問題について考える。

単元全体の課題設定のねらい

　本単元では，単元全体の課題とパフォーマンス課題のすべてを，新聞記事に統一し，事実と意見を書く枠組みを統一することで，スキルアップをねらっている。

本課題では，社会運動を扱い，社会問題に対してどのように要求し，権利を勝ち取ってきたのか，その方法や歴史的意義を捉えさせるねらいがある。また，それに対する政府の対応について，自分の意見を考えることで，現代の社会問題に対して自分の意見を持つ視点を養いたい。

単元構成

単元全体の課題	新聞記者になり，大正デモクラシーの時期の社会運動を1つ取り上げて説明し，政府の対応を説明しよう。その政府の対応に対する自分の意見を書こう！【オーセンティックB】 4-3 提案

パフォーマンス課題	○主発問　・サブ発問（課題）
❶米騒動に関する新聞記事を書こう！（民衆，商人，政府の意見を含めること）【オーセンティックC】 2-3 まとめ 2-8 多角的	○米騒動は，どのような影響を与えたのだろう？ 2-2 結果 ・資料から，日本社会の変化を読み取ろう！ 2-5 比較 ・どうして米騒動は起きたのだろう？ 2-1 原因 ・米騒動は，日本社会にどのような影響を与えただろう？ 2-2 結果
❷社会運動から1つ選び，新聞記事を書こう！（事実＋意見）【オーセンティックB】 2-3 まとめ 4-3 提案	○社会運動は，社会にどのような影響を与えたのだろう？ 2-2 結果 ・『蟹工船』は，何を訴えているだろう？ ・4つの社会運動と，その成果をまとめよう！ 2-3 まとめ ・1925年普通選挙法の今までとの違い，現代との違いをまとめよう！ 2-5 比較
❸「解放令」が出されたのに，どうして差別はなくならないのだろう？【オーセンティックA】 2-1 原因	○差別は，どうして生まれ，なくならないのだろう？ 2-1 原因 ・（『もののけ姫』や日常の事例から）「ケガレ」や「キヨメ」とは何だろう？ ・『解体新書』完成の裏に，差別された人々のどのような関わりがあったのだろう？ ・「解放令」で，差別はなくなったのだろうか？
❹差別をなくすために，自分にできることは何だろう？【オーセンティックA】 4-2 課題解決	○差別に対して，人々はどのように行動したのだろう？ ・なぜ西光万吉は，全国水平社を結成したのだろう？ 2-1 原因 ・どうして教科書が無償になったのだろう？ 2-1 原因 ・どうして高校統一応募用紙ができたのだろう？ 2-1 原因 ・どうして当事者が立ち上がらなければならないのだろう？
❺大正時代の文化の特徴を踏まえた，文化紹介の新聞記事を書こう！【オーセンティックC】 2-3 まとめ	○大正時代の文化の特徴は，何だろう？ 2-3 まとめ ・当時の文化で，現代にも残る文化を探そう！ ・これまでの文化と，大正時代の文化の違いは何だろう？ 2-5 比較

【本単元の参考文献】
河原和之『続・100万人が受けたい「中学歴史」ウソ・ホント？授業』明治図書，2017年

▶ 単元内の位置付け

　本時は，大正時代の日本社会の変化を学習する。日清・日露戦争，第一次世界大戦によって工業化を果たし，経済成長していく日本。そんな中で，様々な社会運動が起こる。その先駆けとなった米騒動を読み解き，人々の運動が社会に影響を与えていったことに気付かせたい。

▶ 指導言でわかる！授業の流れ

(1) クイズ ①大阪の通天閣はいつできた？　→1912年。（説明）新世界もこの時期にできた。

　②今はないが，当時新世界にあった施設は？　→ルナパーク　（※河原実践）

　（説明）遊園施設があり，当時は通天閣とルナパークのホワイトタワーをつないだロープウェイがあるなど，にぎやかな印象を与える。

(2) 資料読み取り 資料から，日本社会の変化を読み取ろう！　　　　　　　　　✎ 2-5 比較

　→日本の貿易額が増えている。重工業の生産が増えている。物価が上がり，庶民は苦しくなった。

(3) 資料読み取り （米騒動の様子を描いた絵を提示し）

　「何をしているところだろう？　読み取れることをできるだけたくさん書き出そう！」

　→暴動が起きている。警察か軍隊が止めている。

(4) 発問 どうして米騒動は起きたのだろう？　資料から読み取ろう！　　　✎ 2-1 原因

　→ロシア革命を阻止するために，シベリア出兵が行われることになる。出兵には米などの物資が必要になる。それを見越して商人が米を買い占めた。それに対して，富山の女性たちが米を安く引き渡すように要求したことをきっかけに，日本全体に騒動が広がった。

(5) 発問 米騒動の結果，どうなっただろう？　　　　　　　　　　　　　　✎ 2-2 結果

　→多くの逮捕者と損害を出したが，外国からの米の輸入や，米の寄付など，運動の要求が一部認められた。

(6) 発問 米騒動は，日本社会にどのような影響を与えただろう？　　　　　✎ 2-2 結果

　→運動を起こせば，自分たちの意見が反映されるかもしれないという印象を与え，その後の普通選挙の実現などにつながった。

(7) パフォーマンス課題 米騒動に関する新聞記事を書こう！（民衆，商人，政府の意見を含めること）

　　　　　　　　　　　　　　　　　　　　　　　✎ 2-3 まとめ　✎ 2-8 多角的

大正デモクラシーと社会運動の広がり ①

|目標| 第一次世界大戦後の日本の変化を説明できる。

【活動１】 資料から、日本社会の変化を読み取ろう！

【活動２】 どうして米騒動は起きたのだろう？

米騒動 ←

【活動３】 米騒動の結果、どうなっただろう？

米騒動 →

【活動４】 米騒動は、日本社会にどのような影響を与えただろう？

米騒動 →

【パフォーマンス課題】 米騒動に関する新聞記事を書こう！
（民衆、商人、政府の意見を含めること）

見出し	

いつなら泥沼の戦争を回避できたか

単元構成のねらい

　第二次世界大戦，太平洋戦争の敗戦は，日本の歴史の中でも大きな節目であろう。本単元では，歴史を過去の出来事としてのみ学ぶのでなく，歴史の中での意思決定に至った原因を分析し，政策決定のあり方を考えさせたい。現代の我々からみれば，明らかに無謀な戦争に突き進み，様々な場面で誤った選択・判断が為されているように考えられるが，なぜそのような判断に至ったのか，その原因を探究し，現代の政策決定のあり方について考えさせたい。

単元の概念構造

〈本質的な問い〉なぜ戦争は起こるのだろう？　なぜ戦争を回避できなかったのだろう？
〈単元の問い〉いつなら泥沼の戦争を回避できただろう？
〈考えさせたい視点〉
・政治の視点…ファシズムの台頭，情報統制
・外交の視点…世界恐慌とそれに対するブロック経済政策，貿易制限，中国を巡る対立
・経済の視点…世界恐慌からの脱却方法，ブロック経済・ABCD包囲網での貿易制限
・社会の視点…不況下における生活の困窮，ファシズムの台頭

オーセンティックな学びに近づけるポイント

知識の構築	泥沼の戦争をいつなら回避できたのかを考えるために，各時間で時期ごとに立ち止まって考察し，自身の考えをまとめ，知識を構築する。
学問に基づく探究	史資料をもとに，世界恐慌とそれに対する各国の対応，日本の状況と進んだ道を理解する。また，多面的・多角的な視点から，回避策を考察する。
学校を超えた価値	なぜ戦争は起こるのか，回避できないのかを考えることで，現代社会を考えるための視点を養う。

単元全体の課題設定のねらい

　問い「いつなら回避できたか」に対して，各時間に節目となる出来事を扱い，その都度立ち止まって考えていく。もちろん，「いつか」を決めることが目的ではなく，この問いに答える中で深く考え，議論し，自身の考えを構築していくことがねらいである。また，戦争に関わった様々な立場の思惑や戦争への責任を考えさせることで，多面的・多角的に捉えさせたい。

単元構成

単元全体の課題	いつなら泥沼の戦争を回避できたか。何年かを明確にし，その理由と解決方法を説明しよう！【オーセンティックB】 `4-3 提案`

パフォーマンス課題	○主発問　・サブ発問（課題）
❶世界恐慌と日本の不景気を，４コマで伝えよう！ 【オーセンティックC】 `2-4 例示`	○世界恐慌は日本にどのような影響を与えたのだろう？　`2-2 結果` ・どうして世界恐慌が起きたのだろう？　`2-1 原因` ・世界恐慌の影響で，日本に何が起きたのだろう？　`2-2 結果`
❷世界恐慌に対する各国の政策を評価し，理由を書こう！ （アメリカ，イギリス・フランス，ソ連，ドイツ） 【オーセンティックB】 `4-4 評価`	○世界恐慌に対して，各国はどのような対策を行ったのだろう？　`2-3 まとめ` ・アメリカは，どのような対策を行ったのだろう？ （イギリス・フランス，ソ連，ドイツも同様） ・ソ連はどうして経済成長をしているのだろう？　`2-1 原因`
❸リットン調査団の報告書にどう対応すべきか？ 【オーセンティックB】 `4-2 課題解決`	○どうして満州事変は起きたのだろう？　`2-1 原因` ・「満州国」は国なのだろうか？　`2-9 評価` ・どうして日本は満州が必要だったのだろう？　`2-1 原因`
❹日本の国際連盟脱退は正しかったのか？　他の解決策はなかったのか？ 【オーセンティックB】 `3-3 価値判断` `4-1 意思決定`	○軍国主義は防げなかったのか？　`2-9 評価` `4-2 課題解決` ・どうして国際連盟を脱退したのだろう？　`2-1 原因` ・どうして二・二六事件は起きたのだろう？　`2-1 原因` ・それぞれの思惑をまとめよう！（政府，軍部，天皇，メディア，国民，国連，中国）　`2-8 多角的`
❺日中戦争は防げなかったのか？他の解決策はなかったのか？ 【オーセンティックB】 `3-3 価値判断` `4-1 意思決定`	○領土拡大は，必要なのだろうか？　`3-3 価値判断` `4-1 意思決定` ・どうして物資が統制されたのだろう？　`2-1 原因` ・領土拡大のメリット・デメリットをまとめよう！ `2-6 分類` `2-7 多面的` ・それぞれの思惑をまとめよう！（政府，軍部，天皇，メディア，国民，英米，中国）　`2-8 多角的`
❻ドイツとの同盟は正しかったのか？　他の解決策はなかったのか？【オーセンティックB】 `3-3 価値判断` `4-1 意思決定`	○第二次世界大戦は防げなかったのか？　`2-9 評価` `4-2 課題解決` ・日本は，どうしてドイツと同盟を結んだのだろう？　`2-1 原因` ・日本は，どうしてソ連と条約を結んだのだろう？　`2-1 原因` ・日本は，どうしてアメリカと対立したのだろう？　`2-1 原因`
❼太平洋戦争開戦は正しかったのか？　他の解決策はなかったのか？ 【オーセンティックB】 `3-3 価値判断` `4-1 意思決定`	○太平洋戦争は防げなかったのか？　`2-9 評価` ・日本は，どうしてアメリカとの戦争を選んだのだろう？　`2-1 原因` ・日本は，どうして東南アジアに勢力を伸ばそうとしたのだろう？　`2-1 原因` ・どうして「抗日運動」が起きたのだろう？　`2-1 原因`
❽戦局の悪化，日本に解決策はなかったのか？ 【オーセンティックB】 `4-2 課題解決`	○戦局の悪化，日本に解決策はなかったのか？ `2-9 評価` `4-2 課題解決` ・どうして，日本の戦局は悪化したのだろう？　`2-1 原因` ・政府・メディアは，どのように報道したのだろう？
❾この戦争の責任は，誰にあるのだろう？　それぞれ10段階で評価し，理由を書こう！（政府，軍部，メディア，国民，国際社会） 【オーセンティックB】 `4-4 評価`	○戦争の責任は，誰にあるのだろう？　`3-3 価値判断` `4-4 評価` ・終戦に至るまでの年表をまとめよう！ ・どうして，沖縄で地上戦が起きたのだろう？　`2-1 原因` ・どうして，特攻作戦が行われたのだろう？　`2-1 原因`
❿原爆投下の是非を問い直す！　あなたは，現代の日本に住む人間として，平和セレモニーで何を伝える？ 【オーセンティックA】 `3-3 価値判断` `4-2 課題解決`	○原爆投下は，必要だったのか？　`3-3 価値判断` `4-1 意思決定` ・原爆投下に対する，様々な意見を読み取ろう！　`2-8 多角的` ・原爆投下賛成派・反対派の意見をまとめよう！ `2-3 まとめ` `2-6 分類`

【本単元の参考文献】
阿部雅之『子供を歴史好きにする！面白ネタでつくる全時代の授業プラン＆ワークシート』明治図書，2020年
半藤一利『戦う石橋湛山』ちくま文庫，2019年
田中龍彦『討論する歴史の授業４』地歴社，2014年

▶ 単元内の位置付け

　本時は，領土拡大方針のもと日中戦争を起こし，国際的孤立を極めていく日本の政策決定の吟味を行う。日中戦争の開始によってアメリカとの関係改善が困難となり，戦局も泥沼化していった。国民の生活も統制されていくこの時代に，領土拡大方針をデータにもとづいて批判し，「小日本主義」を唱えた石橋湛山の考えを取り上げ，日中戦争以外の方法がなかったのか吟味する。

▶ 指導言でわかる！授業の流れ

(1) 動画 「忠犬ハチ公」を視聴し，忠犬ハチ公について簡単に説明する。

(2) クイズ ①忠犬ハチ公像は，実は２代目です。初代はどうなった？ （３択）Ａ：飼い主のところへ行った　Ｂ：別の場所へ移動された　Ｃ：釜で溶かされた　→正解はＣ。

　②どうして，ハチ公像は溶かされたのだろう？　→戦争が進む中で物資が不足し，「金属類回収令」によって，最終的にはハチ公像まで回収の対象になった。

　③他にも，人々の生活に変化があった。この写真は，何をしているところだろう？

　→配給の品目が書かれた看板を見ているところ。物資が統制され，お金を出してもモノを買えなくなった。

(3) 発問 どうして，物資が足りない状況になったのだろう？　　　　　　　　　　2−1 原因

　→戦争の長期化，軍事費・軍事物資の増加で生活物資の不足，外国からの輸入の制限，など

(4) 説明 日中戦争の流れを説明（NHK 動画等を活用）

(5) 発問 日本は，どうして日中戦争を起こしたのだろう？　　　　　　　　　　　2−1 原因

　→領土を拡大して，資源を手に入れたかった。

(6) 発問 領土拡大は，本当にもうかるのだろうか？　→ここでは投げかけのみ

(7) 資料読み取り 石橋湛山の考えを読み取ろう！　動画：NHK　Eテレ『先人たちの底力　知恵泉「発信力を磨け！ジャーナリスト石橋湛山」』（2014年10月14日放送）を視聴。

　→領土を拡大するより，米英と貿易する方が利益も大きい。

(8) 活動 領土拡大のメリット・デメリットをまとめよう！　　　2−6 分類　2−7 多面的

　メリット：領地が増えることで，農業などの仕事が増える。領土を手放すと，日本本土を守れなくなるかもしれない。経済を立て直すことができない。

　デメリット：アメリカやイギリスと敵対することになり，必要な物資が入ってこなくなる。領土を維持・拡大するために，お金がかかる。

(9) 活動 日中戦争に関する，それぞれの立場の思惑をまとめよう！（政府，軍部，天皇，メディア，国民，国際社会）

　　　　　　　　　　　　　　　　　　　　　　　　　　　　　　　　　　2−8 多角的

(10) パフォーマンス課題 日中戦争は防げなかったのか？　他の解決策はなかったのか？

　　　　　　　　　　　　　　　　　　　　　3−3 価値判断　　4−1 意思決定

いつなら泥沼の戦争を回避できたか ⑤

[目標] 日中戦争のときの日本の状況を説明できる。

【活動１】領土拡大は、本当にもうかるのだろうか？
　　　　　領土拡大のメリット・デメリットをまとめよう！

メリット	デメリット

【活動２】日中戦争に関する、それぞれの立場の思惑をまとめよう！

政府	軍部	メディア	国民	国際社会

【パフォーマンス課題】日中戦争は防げなかったのか？　他の解決策はなかったのか？

防げた ・ 防げなかった	（理由）
（他の解決策はなかったか）	

▶ 単元内の位置付け

　本時では，原爆投下の是非について検討する。原爆投下について，なぜ投下されたのか，それについてどう考えるかを，様々な資料をもとに検討する。様々な立場の意見をもとに，原爆投下賛成派・反対派の意見をまとめる。そして，現在も核兵器が増え続ける現状を踏まえ，現代の日本に住む人間として，何を伝えるべきかを問う。歴史の出来事を題材として，現代の課題に迫る授業である。

▶ 指導言でわかる！授業の流れ

(1) クイズ ①原爆投下を決断したトルーマン。戦後に原爆投下について語っている。何と言った？（3択）A：原爆で被害を受けた人たちに謝らねばならない。B：原爆は，投下してよかった。C：原爆のことは，話したくない。（※阿部実践）

→正解はB。「原爆投下が，戦争の終結を早めたことは確かであり，それによって，アメリカと連合軍兵士の生命が救われた。」

②イギリスの首相チャーチルも，戦後に原爆について話した。その内容は？（3択）

A：原爆で被害を受けた人たちにお祈りをささげる。　B：原爆は，投下してよかった。

C：原爆は，日本とアメリカの問題だから関係ない。

→正解はB。「戦争を続けて，イギリスやアメリカの兵士が死ぬよりは，原爆が落とされてよかった。」

(2) 発問 原爆投下は正しかったのか。まずは，様々な立場の意見を知ろう！　　✐2-8 多角的

原爆がなぜ投下されたのかに対する見解，投下された場所で起きた事実，その後の体験，それぞれ違う立場の人々の意見を取り上げ，様々な意見に触れる。

(3) 活動 原爆投下賛成派，反対派の意見をそれぞれまとめよう！

✐2-3 まとめ　✐2-6 分類

　賛成派：戦争を早く終わらせ，犠牲者を減らすことができた。

　反対派：原爆投下は実験の意味合いが強く，人道に反する。投下しなくても日本は降伏していた。

(4) 活動 それぞれの意見に対して，疑問や意見を書き出そう！

事実の誤りはないか，論理的な誤りはないか，倫理的に妥当でないものはないかなど，事実認識・価値認識の両面から考えるように促す。

(5) パフォーマンス課題 原爆投下の是非を問い直す！　あなたは，現代の日本に住む人間として，平和セレモニーで何を伝える？　　❓3-3 価値判断　❗4-2 課題解決

いつなら泥沼の戦争を回避できたか ⑩

目標 原子爆弾が投下された背景や、立場による意見の違いを説明できる。

テーマ：原爆投下は、正しかったのか。

【活動１】原爆投下賛成派、反対派の意見をそれぞれまとめよう！

賛成派	反対派

【活動２】それぞれの意見に対して、疑問や意見を書き出そう！

賛成派への疑問・意見	反対派への疑問・意見

【パフォーマンス課題】原爆投下の是非を問い直す！　あなたは、現代の日本に住む人間
　　　　　　　　　　　として、平和セレモニーで何を伝える？

戦後の日本の進む道

単元構成のねらい

　本単元は，近代・現代の７番目の単元である。戦争が終わり，占領下ではあるものの，国家として新たなスタートを切った日本。また，国際情勢としては，アメリカとソ連を中心とした冷戦状態となり，日本の国際的な立場も変化を迫られる。国家の新たなスタートにあたり，どのような政策を優先するか，何に力を入れるかを考えさせることで，国のあり方やより良い社会の実現に必要なことを考えさせたい。

単元の概念構造

〈本質的な問い〉平和で民主的な社会には，どのようなことが必要だろう？
〈単元の問い〉戦後，日本はどのような国づくりを行うべきだろう？
〈考えさせたい視点〉
・政治の視点…占領下における民主化政策，冷戦による方針転換
・外交の視点…冷戦による国際関係，国際連合による国際秩序
・経済の視点…戦後インフレ・物資の不足などによる不況から，朝鮮特需による利益
・社会の視点…戦後の混乱からの復興，新たな価値観による社会の変化

オーセンティックな学びに近づけるポイント

知識の構築	復興プランを提案するために，当時の状況を分析し，自身の考えをまとめ，知識を構築する。
学問に基づく探究	史資料をもとに，戦後の状況を読み取り，占領下における民主化政策が行われたこと，また世界では冷戦構造が構築され，日本も組み込まれていったことを理解する。また，多面的・多角的な視点から戦後の進む道を考える。
学校を超えた価値	平和で民主的な社会に必要なことを考えることで，現代社会を考えるための視点を養う。

単元全体の課題設定のねらい

　国家の新たなスタートに対して，どのような政策を優先されるかという課題は，単元14「明治政府の決断」と類似する。国際情勢の中で日本が変革を求められている点でも，類似している。歴史学習の中で，時代を超えて類似した課題を行うことで，当時の社会状況によって求め

られる政策も異なることを理解することにつながる。歴史を過去の必然として捉えるのではなく，選択の連続の結果，現在につながっていることに気付かせたい。

単元構成

単元全体の課題	戦後日本の復興プランを評価し，GHQ に提案しよう！ 【オーセンティックB】 `4-3 提案` `4-4 評価`
パフォーマンス課題	○主発問　・サブ発問（課題）
❶日本は，何に力を入れるべきだろう？ （教育・軍事・まちづくり・産業・貿易・その他） 【オーセンティックB】 `4-1 意思決定`	○戦後の日本に必要な政策は何だろう？　`4-1 意思決定` ・敗戦後，日本はどのような状況だったのだろう？ ・あなたが GHQ の役人なら，日本政府にどのような指示を出す？ 　　　　　　　　　`2-4 例示` `4-1 意思決定` ・どのような政策が行われたのだろう？

❷占領下で行われた政策にランキングをつけよう！
【オーセンティックB】
`4-4 評価`
	○占領下の日本は，どのような国づくりをめざしたのだろう？
	　　　　　　　　　　　　　`2-3 まとめ`
	・日本国憲法と大日本帝国憲法の違いをまとめよう！ `2-5 比較`
	・占領下での政策を，観点ごとにまとめよう！
	　　　　　　　　　`2-3 まとめ` `2-6 分類`
	・GHQ は，日本をどのような国にしようとしたのだろう？
	　　　　　　　　　　　`2-3 まとめ`

❸自衛隊設立を新聞記事にしよう！ （事実＋意見） 【オーセンティックB】 `2-4 例示`	○冷戦下において，日本に求められたことは何だろう？ 　　　　　　　　　　　`2-3 まとめ` ・なぜゴジラは現れたのだろう？　何を訴えているのだろう？ ・冷戦の構造をまとめよう！　　`2-3 まとめ` ・どうして朝鮮戦争は起きたのだろう？　`2-1 原因` ・どうして自衛隊はできたのだろう？　`2-1 原因`

❹北方領土の平和的解決プランを提案しよう！
【オーセンティックA】
`4-3 提案`
	○北方領土問題は，どうすれば解決できるだろう？
	　　　　　　　　　`4-2 課題解決`
	・終戦後，北方領土でどのようなことが起こったのだろう？
	・日本とロシアの領土に関する条約の経緯をまとめよう！
	　　　　　　　　　　　`2-3 まとめ`
	・日本とロシアの主張を比較しよう！　`2-5 比較`
	・両国のそれぞれの立場の人々の想いをまとめよう！
	　　　　　　　　　　　`2-8 多角的`

【本単元の参考文献】
阿部雅之『子供を歴史好きにする！面白ネタでつくる全時代の授業プラン＆ワークシート』明治図書，2020年
行壽浩司「『ゴジラ』からみる核と平和」河原和之編著『100万人が受けたい！主体的・対話的で深い学びを創る中学社会科授業モデル』明治図書，2020年
孫崎亨『日本の国境問題』ちくま新書，2011年

戦後の日本の進む道 ❶

▶ 単元内の位置付け

　本時は，戦後の占領下の日本の状況を捉え，どのようなことに力を入れた国づくりを行うべきかを考える授業である。「サザエさん」を切り口に，戦後日本の状況を理解する。そして，資料から日本の状況を読み取り，そのような状況で，何に力を入れた国づくりを行うべきかを考え，議論する活動を行う。

▶ 指導言でわかる！授業の流れ

(1) クイズ サザエさんの４コマから，戦後の日本社会を知ろう！（※阿部実践）

　①魚をたくさん並べたサザエさん，みんなに何と呼びかけている？

　→「配給～！」 戦後も物資が不足し，配給が続いていた。

　②カツオとワカメに，どこに連れて行ってあげると言っている？　→やみ市

　③カツオは何のために募金を集めている？　→戦災孤児

　④ワカメの友だちは，お父さんのどこからの帰りを待っている？

　→ソ連　シベリア抑留の説明をする。（ナヴォイ劇場などのエピソードを紹介してもよい）

(2) 資料読み取り 当時の状況を，資料から読み取ろう！

　【資料】物価の変化，工業生産額の変化，日本への帰国者数，日本の都市の様子，年表など

(3) 発問 あなたが GHQ の役人なら，日本政府にどのような指示を出す？

✎ 2－4 例示 ❗ 4－1 意思決定

　・戦争中の日本は，軍国主義教育が問題だったから，平和を大事にする教育にすべきだ。

　・戦争中の日本は，物資が不足したことが問題だったから，海外との貿易に力をいれるべきだ。

　・今の日本は，大都市が焼け野原の状況だから，まちづくりを最優先にすべきだ。

　・今の日本は，経済が破たんしている状況だから，仕事を増やして経済復興を最優先にすべきだ。

(4) 発問 ①どのような政策が行われたのだろう？

　→軍隊の解散，戦争犯罪容疑者の逮捕→極東国際軍事裁判，公職追放，天皇の「人間宣言」など

　②まとめると，どのような政策だったのだろう？

✎ 2－3 まとめ

　→民主化を進める政策

(5) パフォーマンス課題 日本は，何に力を入れるべきだろう？（教育・軍事・まちづくり・産業・貿易・その他）

❗ 4－1 意思決定

戦後の日本の進む道 ①

目標 戦後の日本の状況を説明できる。

【活動１】 当時の状況を読み取ろう！

【活動２】 あなたが GHQ の役人なら、日本政府にどのような指示を出す？

戦争中の日本は、 　　　　　　　　　が問題だったから	 べきだ
今の日本は、 　　　　　　　　　状況だから	 べきだ

【活動３】 どのような政策が行われたのだろう？

政策名	内容

【パフォーマンス課題】 日本は、何に力を入れるべきだろう？
（教育・軍事・まちづくり・産業・貿易・その他）

順位	項目	理由
１位		
２位		
３位		

戦後 No. 1 政策はどれ？

単元構成のねらい

　本単元は，近代・現代の8番目の単元である。国際社会への復帰を果たし，高度経済成長に代表されるように，日本社会が発展し，豊かになっていく時代である。本単元では，経済発展という光の部分と，公害をはじめとする様々な社会問題の発生という影の部分を取り上げ，その両面からこの時代を捉えさせたい。そして，どの内閣総理大臣の政策が日本の発展に貢献したかという切り口から考えることで，政策を当時と現代の両方の視点から評価し，現代の政策評価につなげたい。

単元の概念構造

〈本質的な問い〉経済発展は，どのような条件で進められるべきだろう？
〈単元の問い〉1950～80年代の日本の政策は，正しかったのだろうか？
〈考えさせたい視点〉
・政治の視点…独立と国際社会への復帰，復興と経済成長
・外交の視点…冷戦，平和条約の締結，沖縄返還
・経済の視点…安全保障条約による経済傾倒，高度経済成長
・社会の視点…戦後の復興，インフラ整備，オリンピック・万博開催，公害問題

オーセンティックな学びに近づけるポイント

知識の構築	No. 1 政策を選ぶために，当時の状況を分析し，自身の考えをまとめ，知識を構築する。
学問に基づく探究	史資料をもとに，国際社会復帰時の葛藤（対立），高度経済成長期の光と影を理解する。また，多面的・多角的な視点から一番の政策を考える。
学校を超えた価値	経済発展を進める上での条件を考えることで，現代も課題となる環境問題やSDGsの取り組みにつなげ，現代を考える視点を養う。また，沖縄の基地問題を取り上げ，現代社会の課題を考える。

単元全体の課題設定のねらい

　No. 1 政策を選ぶ課題であるが，もちろん一つを選ぶことは学習者の動機付け（手段）であって，目的ではない。この単元では，経済発展が中心に位置付けられることが多いが，平和

（安全保障）・対外関係・環境などの面にも着目して多面的に考えさせたい。

　また，政策評価では，当時の社会状況を踏まえた考察が欠かせないが，その後に与えた影響なども踏まえて，現代の視点と当時の視点を往復させて評価させたい。

単元構成

単元全体の課題	戦後の No. 1 政策を選び，理由を説明しよう！（※この単元で出てくる総理大臣の政策の中から選ぶ）【オーセンティックB】 4−4 評価
パフォーマンス課題	○主発問　・サブ発問（課題）
❶吉田茂の決断は正しかったのか。10点満点で評価し，理由を説明しよう！【オーセンティックB】 4−4 評価	○吉田茂の決断は，正しかったのだろうか？ 3−3 価値判断 4−1 意思決定 ・全面講和と単独講和のメリット・デメリットをまとめよう！ 2−6 分類 2−7 多面的 ・日米安全保障条約のメリット・デメリットをまとめよう！ 2−6 分類 2−7 多面的
❷この時期の日本の対外政策を10点満点で評価し，理由を説明しよう！【オーセンティックB】 4−4 評価	○佐藤栄作の決断は，正しかったのだろうか？ 3−3 価値判断 4−1 意思決定 ・ベトナム戦争とこれまでの戦争，どんなところが違うだろう？ 2−5 比較 ・どうして沖縄は，この時期に日本に返還されたのだろう？ 2−1 原因 ・佐藤栄作は，ノーベル平和賞を受け取るべきだろうか？ 3−3 価値判断 4−1 意思決定
❸高度経済成長の光と影を説明し，日本の取り組みを10点満点で評価しよう！【オーセンティックB】 4−4 評価	○東京オリンピックは，日本を豊かにしただろうか？ 2−9 評価 ・オリンピックによって，日本社会はどのように変化しただろう？ 2−2 結果 ・どうして騒動（石油危機）が起きたのだろう？　真の原因は何だろう？ 2−1 原因 ・高度経済成長期の光の面と影の面をまとめよう！ 2−6 分類 2−7 多面的
❹戦後・高度経済成長期の生活や文化の変化を新聞記事にしよう！（事実＋意見）【オーセンティックC】 2−3 まとめ	○大阪万博は，日本を豊かにしただろうか？ 2−9 評価 ・万博の時期に，日本社会はどのように変化しただろう？ 2−2 結果 ・技術の進歩によって，人々の生活はどのように変化しただろう？ 2−2 結果
❺沖縄返還○周年のセレモニーでの宣言文を提案しよう！【オーセンティックA】 4−2 課題解決	○沖縄の基地問題は，どのように解決すべきだろう？ 4−2 課題解決 ・どうして沖縄に米軍基地があるのだろう？　歴史・地理・経済・外交の視点から考えよう！ 2−1 原因 2−7 多面的 ・沖縄の基地の状況を調べよう！ ・沖縄の基地に関する，解決すべき課題は何だろう？

【本単元の参考文献】
阿部雅之『子供を歴史好きにする！面白ネタでつくる全時代の授業プラン＆ワークシート』明治図書，2020年

戦後 No.1 政策はどれ？ ❹

▶ 単元内の位置付け

　本時では，大阪万博を切り口に，戦後復興期，高度経済成長期の文化について学習する。便利な製品が登場し，生活が豊かになり，時間的な余裕が生まれ，文化が花開いていった。また，メディアの大衆化がさらに進み，大きな影響力を持つようになった点にも気付かせたい。

▶ 指導言でわかる！授業の流れ

(1)（動画）大阪万博の様子を視聴し，クイズを出題する。

　クイズ ①当時のアメリカ合衆国のパビリオンで展示されたのは何？　→「月の石」

宇宙開発競争の中，月から持ち帰ったと言われる石が展示された。

　②大阪万博の時期にできたものは，次のうちどれ？

　（3択）A：モノレール　B：動く歩道　C：ワイヤレスホン　→すべて正解

　③大阪万博のテーマは，「人類の○○と○○」。何が入る？　→「進歩」と「調和」

(2)生活の変化クイズ：昔の写真が出てきます。どのように変わったか答えよう！

　①手洗い洗濯　→洗濯機

　②昔の冷蔵庫　→電気冷蔵庫

　③屋台のラーメン　→即席ラーメン

　④商店街　→スーパーマーケット

(3)発問 これらの家電製品や食料品，店等の変化によって，人々の生活はどのように変化しただろう？

🖉 2-2 結果

　→家事にとられる時間が減り，他のことをできる時間が増えた。

(4)活動 余暇が増えれば，文化も発展する。どのような文化が登場したか，教科書から探そう！

(5)発問 当時の文化には，どのような特徴があるだろう？

　→メディアの大衆化がさらに進み，社会全体に影響を与えるようになった。

(6)パフォーマンス課題 戦後・高度経済成長期の生活や文化の変化を新聞記事にしよう！（事実＋意見）

🖉 2-3 まとめ

戦後 No.1 政策はどれ？ ④

目標 戦後復興期から経済成長期にかけての文化の特徴を説明できる。

【活動１】家電製品などの進化によって、人々の生活はどのように変化しただろう？

【活動２】どのような文化が登場したか、教科書から探して書き出そう！

【活動３】当時の文化には、どのような特徴があるだろう？

【パフォーマンス課題】戦後・高度経済成長期の生活や文化の変化を新聞記事にしよう！

見出し	

現代の社会問題に迫る

単元構成のねらい

　本単元は，近代・現代の最後の単元である。歴史の学習から，公民の学習へとつなげる単元でもある。冷戦が終結し，新たな国際秩序が構築される中，新たな形での紛争が起こり，平和の実現に向けて様々な取り組みが行われている。この単元では，現代の世界的課題に直接つながる出来事をたくさん扱う。そこで，それぞれの当時の状況を歴史的に分析し，それが現代の課題にどのように影響しているのかを捉え，解決策を提案する学習を行う。

単元の概念構造

〈本質的な問い〉現代の社会問題は，過去のどのような経緯から発生したのだろう？
〈単元の問い〉現代の社会問題は，過去のどのような経緯から発生したのだろう？
〈考えさせたい視点〉

・政治の視点…冷戦後の国際関係，テロや紛争の解決，国際的な枠組みの構築の難しさ
・外交の視点…冷戦の終わりによる国際関係の変化，グローバル化とその影響
・経済の視点…グローバル化による世界規模の経済，不況への対策，持続可能な発展
・社会の視点…テロ・紛争，不況下の社会，災害・感染症への対策

オーセンティックな学びに近づけるポイント

知識の構築	現代の社会問題への解決策を考えるために，歴史を含めた様々な視点から状況を分析し，自身の考えをまとめ，知識を構築する。
学問に基づく探究	資料をもとに，冷戦後の国際情勢の変化，バブル経済の崩壊後の国内状況の変化を理解する。また，多面的・多角的な視点から現代社会の課題を考える。
学校を超えた価値	現代の社会問題を発見し，その解決策を考えることで，学校を超えて社会に価値のある学習となる。実際に外部機関と連携する活動を実施したい。

単元全体の課題設定のねらい

　本単元の課題は，現代につながる社会問題の解決策の提案である。本書では，学習者が様々な課題の中から1つを選ぶ形にしているが，状況に応じて1つの社会的課題をみんなで考える課題にしてもよい。

　本単元の課題は，個人・もしくはグループで調査，分析し，解決策を考える。その解決策の

提案を，本書では教室での発表にとどめているが，学校外の聴衆へ提案を行うことも可能である。

　社会に開かれた課題であるが，歴史的な経緯を分析し，原因を探ることが歴史の学習としてのキーポイントなので，そこを入念に行わせたい。

単元構成

単元全体の課題	現代の社会問題を１つ取り上げ，歴史的な経緯を踏まえて，自身の考える解決策を提案しよう！【オーセンティックＡ】 `4-3 提案`
パフォーマンス課題	○主発問　・サブ発問（課題）
❶ブッシュとゴルバチョフからの手紙に返事を書こう！「我々が冷戦を終わらせて，世界は平和になったかな？」【オーセンティックＣ】 `2-4 例示`	○冷戦後，世界はどのように変化し，課題が出たのだろう？ `2-2 結果` ・冷戦が終わり，どのような問題が起きたのだろう？ `2-2 結果` ・平和を維持するために，どのような取り組みが行われているのだろう？ ・現在も残る，国際的な課題は何だろう？
❷自分が生まれてからの出来事で，50年後の歴史教科書に載せるべきことを１つ提案しよう！【オーセンティックＡ】 `4-3 提案`	○冷戦後，日本はどのように変化し，課題が出たのだろう？ `2-2 結果` ・冷戦後の日本の変化を政治・経済・対外関係の３つに分けて説明しよう！ `2-6 分類` `2-7 多面的` ・現在も残る，日本国内の課題は何だろう？ ・現在も残る，日本の対外関係の課題は何だろう？
❸現代の社会問題を１つ取り上げ，歴史的な経緯を踏まえて，自身の考える解決策を提案しよう！（ポートフォリオと同じ）【オーセンティックＡ】 `4-3 提案`	○現代の社会問題に対して，自分たちにできることは何だろう？ ・どのような社会問題があるのだろう？ ・選んだ社会問題は，何が原因なのだろう？ `2-1 原因` ・どうすれば，課題を解決できるのだろう？ `4-3 提案` ・課題の解決に向けて，自分にできることは何だろう？ `4-3 提案`
❹現代の社会問題を１つ取り上げ，歴史的な経緯を踏まえて，自身の考える解決策を提案しよう！（ポートフォリオと同じ）【オーセンティックＡ】 `4-3 提案`	○現代の社会問題の解決策を提案しよう！ `4-3 提案` ・個人，もしくはグループで発表しよう！ ・優れていた提案を１つ選び，投票しよう！

【本単元の参考文献】
河原和之『100万人が受けたい！見方・考え方を鍛える「中学地理」 大人もハマる授業ネタ』明治図書，2019年

▶ 単元内の位置付け

　本時は，冷戦後の世界の変化と，現代に残る課題を捉える学習である。冷戦が終わり，二大国によるバランスが崩れ，世界の様々なところで民族間，宗教間などの紛争が相次いだ。現代につながる課題も多いため，その課題の原因を捉えさせ，第3・4時につなげたい。

▶ 指導言でわかる！授業の流れ

(1) クイズ

　　①マクドナルドの店舗数の多い国 TOP10を挙げよう！（※河原実践）

　　→1位から順に，アメリカ，日本，カナダ，ドイツ，イギリス，フランス，中国，オーストラリア，ブラジル，イタリア

　　②この TOP10の中で，ここ30年間で店舗数を大きく伸ばした2つの国はどこか？

　　→ドイツと中国　→どうして？　→冷戦が終わり，東側諸国に西側の店が増えたから。

(2)動画（ベルリンの壁崩壊について視聴）

　　クイズ ①何をしているのだろう？　→ベルリンの壁を壊している。

　　②どうして？　→冷戦，分裂の象徴だから。取り払って1つの国になりたいから。

(3) 説明 冷戦終結の流れの説明

(4) 発問 （マルタ会談の様子を示し）このあと，世界は平和になったかな？　　🖉 2－2 結果

　　（ここでは，投げかけのみ）

(5) 資料読み取り （紛争の地図を提示し）どのような問題が起きたのだろう？　　🖉 2－2 結果

　　→各地で紛争が起きている。　→どうして？　→冷戦期は，二大国の陣営に守られていたが，そのバランスが崩れ，世界各地で民族間・宗教間などの対立が相次いだから。

(6) 発問 平和を維持するために，どのような取り組みが行われているのだろう？

　　→国連平和維持活動など

(7) 説明 湾岸戦争の流れを説明

(8) 発問 湾岸戦争に対して，日本はどのように対応したのだろう？　→経済援助

　　のちにクウェートから世界へ，感謝の文面が送られた（画像提示）。どうして日本がないのだろう？　→金しか払っていないから。

　　→その後，自衛隊の国連平和維持活動が可能になった。

(9)動画（同時多発テロなどについて視聴）

　　発問 現在も残る，国際的な課題は何だろう？

　　→ロシアのウクライナ侵攻，中東やアフリカでの紛争，難民の問題，など

(10) パフォーマンス課題 ブッシュとゴルバチョフからの手紙に返事を書こう！

　　「我々が冷戦を終わらせて，世界は平和になったかな？」　　🖉 2－4 例示

現代の社会問題に迫る ①

目標 冷戦後の世界の変化を説明できる。

【活動 1 】 冷戦後、どのような問題が起きたのだろう？

どうして、このような問題が起きたのだろう？

【活動 2 】 平和を維持するために、どのような取り組みが行われているのだろう？

【活動 3 】 現在も残る、国際的な課題は何だろう？

【パフォーマンス課題】

ブッシュとゴルバチョフからの手紙に返事を書こう！

　　　　　我々が冷戦を終わらせて、世界は平和になったかな？

現代の社会問題に迫る ❸

▶ 単元内の位置付け

　本時では，第1・2時で学習した現代につながる社会背景を踏まえ，現代の社会問題を選び，解決策を提案する。歴史の学習を現代につなげて考える時間である。単に現代の課題と捉えるのではなく，歴史的経緯を踏まえ，どのようなことが原因で現代に課題となっているのかを分析することが重要である。

▶ 指導言でわかる！授業の流れ

(1) 課題提示 現代の社会問題を1つ取り上げ，歴史的な経緯を踏まえて，自身の考える解決策を提案しよう！

(2) 発問 どのような社会問題があるのだろう？

　（例）

　政治：憲法改正の問題，若者の政治離れ

　経済：世界の貧困問題，格差の拡大，不況対策

　国際：領土問題，難民問題，貧困問題

　平和：紛争の解決，平和構築に向けた課題

　人権：様々な分野での差別，ヘイトスピーチ

　環境：地球温暖化，ゴミの問題

(3) 発問 選んだ社会問題は，何が原因なのだろう？　　　　　　　✐ 2−1 原因

(4) 活動 課題に対して，対立する意見や，解決が困難な理由を書き出そう！　✐ 2−7 多面的

(5) 発問 どうすれば，課題を解決できるのだろう？　　　　　　　！4−3 提案

(6) 発問 課題の解決に向けて，自分自身にできることは何だろう？　！4−3 提案

現代の社会問題に迫る ③

目標 現代社会の課題を１つ選び、歴史的経緯を踏まえた解決策を提案できる。

【活動１】取り上げる社会問題

原因は何だろう？

【活動２】対立する意見や、解決が困難な理由を書き出そう！

【活動３】解決策を書こう！

【活動４】課題の解決に向けて、自分自身にできることは何だろう？

133

おわりに

本書の意義

　本書では，オーセンティックな学びを取り入れた歴史学習を提案しました。本書で紹介した授業の特徴は，次のようにまとめられます。

> ・現実社会につながる，単元全体の課題を設定する。
> ・課題を解決するために，単元構成や授業をデザインする。
> ・各時代の重要な概念を扱い，学習者の見方・考え方を鍛える。
> ・思考を重視し，多面的・多角的に考える活動を取り入れる。
> ・全員が参加し，力をつけるために授業をデザインする。
> 　（環境のユニバーサルデザイン，学力のユニバーサルデザイン，意欲のデザイン）

　このような授業を，単発でなく，歴史学習全体で行うことで，歴史学習を現実社会とつなげ，オーセンティックな学力を形成していく。これが，本書のねらいです。

　一つ一つの授業をみると，今まで提案されてきた歴史学習と大きく変わらないかもしれません。しかし，本書では，カリキュラム全体を通して，歴史学習でつける力（オーセンティックな学力）を明確にし，それに基づいて各単元，各授業を提案しました。

　本書の目的は，歴史学習をオーセンティックな学びに近づけることでした。歴史学習だけでみると，オーセンティックな学びとして不十分かもしれません。それは，歴史学習の性質として，現代社会に直接つながる課題でない単元が多くあるからです。むやみに現代社会とつなげようとすると，歴史学習の本質を失う可能性があります。

　とはいえ，歴史学習でオーセンティックな学びを取り入れることは大切なことです。大事なことは，社会科全体で，オーセンティックな学力を形成することです。そのために，地理・歴史・公民，そしてそれぞれの単元で，どのような見方・考え方を養い，力をつけていくのかをトータルで考えていくことが欠かせません。

　本書では，ほぼすべての歴史学習の時間のカリキュラム構成を載せました。カリキュラム全体から構成することが大切だからです。ただし，このカリキュラム構成は，あくまで一例です。授業者によって，取り上げたい事例や，深めたい事例があるでしょう。また，学校や地域によって，大切にしている単元や題材もあるでしょう。また，さらに言えば，教科書にとらわれず，弾力的な単元構成も求められるでしょう。本書を叩き台にしていただいて，より良いカリキュラムを構成していただければと思います。大事なことは，つけたい学力からの逆算で，授業・

カリキュラムをデザインすることです。学習者の状況，学校・地域の状況，授業者の社会科教科観・授業観に基づいて，状況に応じたカリキュラム・マネジメントを行ってください。

学び続ける授業者へ

　オーセンティックな学びを実現するには，授業者自身の力量形成，授業改善の視点が欠かせません。授業は，事前に計画し（P：計画），授業を行い（D：実践），自身の授業を振り返って実践を評価し（C：評価），改善していく（A：改善）ことで，より良い授業になっていきます。本書は，授業のPDCAの「P（計画段階）」をサポートするためのものです。

　本書の授業展開は，誰でもすぐにできるものをめざしていますが，筆者の現在の指導技術などに裏打ちされた展開になっています。そのため，もしかするとそのまま授業を行っても，「時間が足りない」「うまくいかない」という状況が起こるかもしれません。それは，授業者も学習者も異なるので，本来当然のことです。先生方ご自身の力量や，授業方法に合わせて展開を工夫してみてください。

　大事なことは，より良い授業をめざして，授業者が学び続けることです。

　まずは，「良い」と言われる授業をマネしてみましょう。その一つとして，本書のネタや活動，授業展開を一度実践してみてください。「マネる」ことは，学ぶことです。「マネる」ことで，自分の型ができてきます。

　次に，学習者から学びましょう。学習者が，学習に向かわない，力がつかないのには，必ず理由・原因があります。学習者のせいにせず，「何が問題だったのか」「どうすればうまくいくのか」を考え，修正していきましょう。

　そして，授業者自身が「学ぶ場」を持ちましょう。授業内容の教材研究は，授業をする上で最低条件です。それだけでなく，仲間と授業の腕を磨き合うサークル活動や，優れた実践家や研究者などの集まる場に参加するなど，授業者としての「学ぶ場」を持ちましょう。自分が学び続けることで，授業は良くなります。

　私自身，多くの書籍を読み，先人たちから学び，子どもたちに鍛えられてきました。また，共に学び合う仲間・先輩方，進むべき道を示してくださる先生方のおかげで，教師を続けられています。

　本書も，学び続ける中での人との出会い，つながり，御縁で執筆させていただきました。そういった方々のおかげで，社会科授業の現状に，一石を投じるものになったのではないかと思います。

　そんな本書が，みなさんの授業改善の一助となることを願っています。

梶谷　真弘

【著者紹介】

梶谷　真弘（かじたに　まさひろ）
1986年生まれ。大阪府立豊中支援学校を経て，現在大阪府茨木市立南中学校教諭。社会科，特別支援教育に造詣が深い。公認心理師。授業研究サークル「KIT」代表，支援教育研究サークル「SPEC」代表。
著書に，『学級経営＆授業のユニバーサルデザインと合理的配慮』（明治図書），『経済視点で学ぶ歴史の授業』（さくら社），分担執筆に，『主体的・対話的で深い学びを実現する！100万人が受けたい社会科アクティブ授業モデル』『100万人が受けたい！主体的・対話的で深い学びを創る中学社会科授業モデル』『子どもと社会をつなげる！「見方・考え方」を鍛える社会科授業デザイン』（以上，明治図書），『新任１年目でもうまくいく！子どもの心をパッとつかむ驚きの授業ルール』（学陽書房），『中学社会科“アクティブ・ラーニング発問”174　わくわくドキドキ地理・歴史・公民の難単元攻略ポイント』『対話的深い学びを測る新授業の評価　新中学社会の定期テスト』『社会科授業にSDGs挿入ネタ65』（以上，学芸みらい社），『社会科授業の理論と実践　ユニバーサルデザインによる授業づくり』（あいり出版）など。雑誌原稿多数。

〔本文イラスト〕木村美穂

中学校社会サポートBOOKS

オーセンティックな学びを取り入れた
中学校歴史授業＆ワークシート

2023年2月初版第1刷刊　©著　者　梶　谷　真　弘
　　　　　　　　　　発行者　藤　原　光　政
　　　　　　　　　　発行所　明治図書出版株式会社
　　　　　　　　　　　　　　http://www.meijitosho.co.jp
　　　　　　　　　　（企画）林　知里　（校正）西浦実夏
　　　　　　　　　〒114-0023　東京都北区滝野川7-46-1
　　　　　　　　　　振替00160-5-151318　電話03(5907)6703
　　　　　　　　　　ご注文窓口　電話03(5907)6668
＊検印省略　　　　　組版所　藤　原　印　刷　株　式　会　社

Printed in Japan　　　　　　　ISBN978-4-18-346623-5
もれなくクーポンがもらえる！読者アンケートはこちらから
→